ulmer

Margret Merzenich | Erika Thier

Brot backen im Holzbackofen

Tradition, Anleitungen und Rezepte

Leidenschaft Brotbacken

Die einen züchten Rosen – andere wollen ihr Brot selbst backen. Und so wie der Rosenfreund auf manche Weisheit stoßen kann, entdeckt der „Eigenbrötler“ bei seinem Tun und Treiben eine ganz eigene Welt.

Brotbacken ist etwas sehr Lebendiges. Kein Brot ist wie das andere, und kein Backtag verläuft gleich. Besonders im Holzbackofen ist das Backen immer aufs Neue spannend und für Überraschungen gut. Man erlebt die ursprüngliche Kraft des Feuers und lernt damit umzugehen.

Backen bringt die Freude des Schöpferischen, das gute Gefühl, etwas mit eigenen Händen geschaffen zu haben. Dazu macht es unabhängig, denn man hat nun stets, frisch oder eingefroren, einen Brotvorrat im Haus.

Als wir mit dem Brotbacken anfingen, mussten wir uns erst das nötige Wissen darüber aneignen. Wir hörten uns um, sprachen mit erfahrenen Bäckerinnen und Bäckern, probierten aus und konnten im Lauf der Zeit viele eigene Erfahrungen sammeln.

Alles Wissenswerte haben wir in diesem Buch zusammengestellt. Damit möchten wir Ihnen das praktische Wissen vermitteln, das Sie zum Brotbacken brauchen. Ausführlich gehen wir darauf ein, wie früher der Backtag abgelaufen ist, denn das Backen im Holzbackofen hat sich seit damals nicht sehr verändert. Doch auch wer im Elektroofen backt, findet hier Ratschläge und kann die Rezepte anwenden.
Was wir können, können Sie auch!

Margret Merzenich und Erika Thier

Inhalt

Rund ums Backen

„Eigenbrötler" werden

Brotbacken war einst eine wichtige Arbeit im bäuerlichen Leben, denn Brot war auf dem Lande lange Zeit das Hauptnahrungsmittel. Hier bildete es bis in die jüngere Vergangenheit eine Grundlage der Ernährung – als morgendliche Brotsuppe, als eigenständige Mahlzeit (Brotzeit, Vesper) und als Zuspeise zu jedem warmen Gericht. Der hohe Stellenwert des Brotes in der Ernährung hatte seinen Ursprung in dem starken Bevölkerungswachstum im 16. Jahrhundert. Viehhaltung und der bisherige Landbau reichten nun nicht mehr aus, um die vielen Menschen satt zu machen, und es wurde vermehrt Getreide angebaut. Breie aus Gerste, Hafer, Hirse und Buchweizen waren das Hauptgericht der unteren Bevölkerungsschichten. Dazu kam das Brot als nahrhaftes, preiswertes und relativ haltbares Lebensmittel. Der Getreideverbrauch pro Kopf lag im 16. Jahrhundert bei 250 kg jährlich und schwankte im Laufe der Jahrhunderte mit sinkender Tendenz. Getreidebreie wurden dabei auch in den ländlichen Gebieten mehr und mehr vom Brot abgelöst.

Brot war stets mehr als nur ein Nahrungsmittel. In allen Kulturen wurde es als göttliche Gabe geehrt. Im Christentum ist das „Brot des Lebens" Sinnbild für Jesus. Das findet auch im Abendmahl Ausdruck, wo das gemeinsame Essen des Brotes den Menschen mit dem Göttlichen verbindet. Dem Brot wurde stets besondere Achtung zuteil, und niemals wurde ein Stück weggeworfen.

Seine Wertschätzung gab auch der Arbeit am Backofen ihre besondere Würde. Feuer machen, Ofen schüren, Teig bereiten, Laibe formen, einschießen und wieder herausholen – jeder Beteiligte hatte seine Aufgabe. Die gleichen Handgriffe wurden in gleich bleibender Arbeitsverteilung getan und über Generationen von den Müttern an die Töchter weitergegeben. Dabei konnte das Backen ganz in der Hand der Frauen liegen, oder bestimmte Arbeiten wurden von den Männern des Hauses übernommen. Das war von Landschaft zu Landschaft, von Dorf zu Dorf, ja von Haus zu Haus verschieden.

Moderne Veränderungen

Heute kaufen die meisten Menschen ihr Brot beim Bäcker oder im Lebensmittelgeschäft. Für die, die selbst backen, haben bequemere Verfahren das Backen mit dem Holzfeuer abgelöst, und der Holzbackofen hat dem Elektro- oder Gasbackofen Platz gemacht. Viele Backhäuser sind verödet, und die Backöfen verfallen.

Mit dem Rückgang des privaten Backens verloren die vielen kleinen Mühlenbetriebe, die es landauf, landab gegeben hatte, nach und nach den größten Teil ihrer Kundschaft und

Was man zum Backen brauchte, ist hier zusammengetragen: Backtrog, Brotnäpfe, Mehlschaufel, Bleche und anderes.

mussten schließen. Großmühlen entstanden, deren Produkte über weite Transportwege verschickt wurden und deshalb länger haltbar sein mussten, als es die dunklen Mehlsorten sind. Auszugsmehle erfüllen diese Forderung, da sie weniger oder keine Keimöle mehr enthalten und daher auch nicht ranzig werden können. Sie wurden nun immer mehr zum Brotbacken verwendet.

Die Verbraucher gewöhnten sich an das helle Brot und fanden zunehmend Geschmack daran. Der hohe Verbrauch an Auszugsmehl mochte vielleicht auch damit zusammenhängen, dass es lange Zeit ein Privileg der oberen Bevölkerungsschichten war, weißes Brot aus feinem Mehl zu essen, während dunkles Brot Nahrung für die Ärmeren war, zu denen man sich nicht gern zählen lassen wollte. Glücklicherweise gilt eine solche Einteilung heute nicht mehr, und alle Arten von Brot sind allen sozialen Schichten zugänglich.

Brot im Wohlstand

Seit der Mitte unseres Jahrhunderts änderten sich mit wachsendem Wohlstand auch die Ernährungsgewohnheiten. Der Verbrauch an Brot, das ohnehin vorwiegend aus Auszugsmehl hergestellt wurde, ging weiter zurück und wurde immer stärker von tierischen Nahrungsmitteln abgelöst. Nachdem jedoch durch die einseitige Ernährung immer mehr Menschen an Stoffwechsel- und Verdauungsstörungen erkrankten und die Ernährungswissenschaft den Zusammenhang zwischen diesen Beschwerden und der Nahrung aufzeigen konnte, machte sich in den letzten Jahren wieder ein Wandel bemerkbar. Der Brotkonsum stieg wieder an, und Backwaren mit hohem Schrotanteil und Getreideprodukte aus dem vollen Korn wurden immer beliebter. Sicher hat auch die Sortenvielfalt zu dem wieder steigenden Brotverbrauch beigetragen, der heute

Um das Brot mäusesicher und über einen längeren Zeitraum aufbewahren zu können, legte man es auf Brothängen im Keller.

in Deutschland jährlich bei rund 80 kg pro Kopf liegt. Auf den täglichen Verzehr umgerechnet sind das 220 g, was etwa vier Scheiben Brot und einem Brötchen entspricht.

Mit der Erkenntnis, dass Brot aus dem vollen Korn wesentlich gesünder ist als das mit Auszugsmehl gebackene, stieg auch das Interesse am Selbstbacken. Nun backen wieder mehr Hausfrauen und -männer ihr Brot selbst: im Backrohr ihres Küchenherds, in großen Elektrobacköfen, aber auch in Holzbacköfen, die noch vorhanden waren oder erst neu errichtet wurden. Etliche Hersteller bieten Bausätze und fertige Backöfen in vielfältigen Ausführungen an. Dabei kann und will der Hausbäcker keine Konkurrenz für den Bäcker sein.

Vieles spricht fürs Selberbacken

Warum nehmen Menschen heute noch oder wieder die Mühe auf sich, wo doch der nächste Bäcker oder Supermarkt in erreichbarer Nähe und die Auswahl an Brot, auch an Vollkornbrot, riesig ist? Es gibt verschiedene Gründe, sein eigenes Brot zu backen, sei es im häuslichen Herd, sei es im eigenen oder dörflichen Holzbackofen. Dass die wertvollen Inhaltsstoffe des Getreides durch schonende Behandlung erhalten bleiben, ist ebenso ein Argument, wie es geschmackliche Gründe sein können. Nicht zu wissen, was das gekaufte Brot außer seinen Grundbestandteilen alles enthält, ist für viele der Grund, lieber selbst zu backen. Nicht zuletzt können wirtschaftliche Erwägungen eine Rolle spielen, denn ein Laib hochwertiges Brot ist selbst gebacken preisgünstiger als gekauft. Wer sein Brot im Holzbackofen bäckt, dem mag es auch ein Anliegen sein, dass eine alte Tradition fortgeführt wird und nicht vollends ganz untergeht.

So gibt es unterschiedliche Gründe dafür, dass die 80 kg Brot, die jährlich pro Kopf in Deutschland verzehrt werden, nicht nur in Bäckereien und Brotfabriken entstehen, sondern auch von „Eigenbrötlern“ gebacken werden. Sie alle empfinden, dass die Mühe aufgewogen wird durch die vielen guten Gründe, die für das Backen sprechen. Dazu gehört nicht zuletzt die Freude am Selbermachen und das duftende und wohlschmeckende Ergebnis.

Brotbacken früher

Brot – Jahrtausende alt

Lange Zeit lebten Menschen auf der Erde, ehe sie Brot als Nahrung kannten. Sie streiften durch die Wildnis und ernährten sich vor allem von den Tieren, die sie auf ihren Jagdzügen erbeuteten. Samen von Wildgräsern zerkauten sie roh. Aus der Altsteinzeit um 10 000 v. Chr. stammt der älteste Nachweis von Körnerfrüchten: aus Rentiergeweih geschnitzte Grasähren.

Der Weg zum Brotbacken führte vom Brei, der aus ganzen oder zwischen Steinen zerriebenen Körnern gekocht wurde, über Fladen, die aus dem Körnerbrei geformt und in der Asche oder auf heißen Steinen geröstet wurden. „Brot“ entstand auch, als man Steine im Feuer erhitzte, in den Schrotbrei legte und sich um sie herum eine Schicht aus gebackenem Brei bildete.

Als die Menschen Brot zur Verfügung hatten, hing ihr Leben nicht mehr nur von Jagderfolgen ab, die sie den einen Tag satt machten, den anderen hungern ließen. Nun konnten sie sesshaft werden, Hütten bauen, Vorräte anlegen, Getreidesamen sammeln und wieder aussäen. Aus den Feuerstellen, die im Freien oder innerhalb der Wohnstätten lagen, entwickelten sich im Laufe der Zeit geschlossene Backöfen. Der Grubenbackofen, außerhalb des Hauses ins Erdreich eingelassen, hatte eine runde Lehmkuppel mit halbrunder Schür- und Einschiebeöffnung. Der Herdbackofen im Haus bestand aus einer Feuerstelle aus hart gebranntem Lehm, die von einem halbrunden Tonnengewölbe aus lehmverschmiertem Flechtwerk überdeckt wurde. In diesen Öfen, deren Bauweise über Jahrtausende kaum Veränderungen erfuhr, backte man auf flachen Tontellern ungesäuerte Fladenbrote.

Alle frühen Hochkulturen kannten schon Brot und verehrten es als Geschenk der Götter. Von Ägypten, wo um 1000 v. Chr. das erste Sauerteigbrot gebacken wurde, gelangte die Kunst des Backens zu den Griechen. Nach altgriechischem Mythos war es der Gott Pan, der den Menschen den Backofen brachte. Vermutlich steht das lateinische Wort für Brot, panis, mit ihm in Zusammenhang. Im alten Rom wurde die Kunst des Brotbackens weiterentwickelt und zu einer Blütezeit geführt. Als die Römer germanisches Gebiet eroberten, waren sie entsetzt über das Brot, das sie hier vorfanden. Sie versuchten, die Anbaumethoden des Getreides zu verbessern und beeinflussten auch die hiesigen Backgewohnheiten. Nach dem Zusammenbruch des Römerreichs entwickelten zunächst vor allem Mönche die Backkunst weiter.

Als im Mittelalter die Städte wuchsen und die Handwerker sich in Zünften zusammenschlossen, begann auch

Ägyptische Backstube auf einer altägyptischen Darstellung.

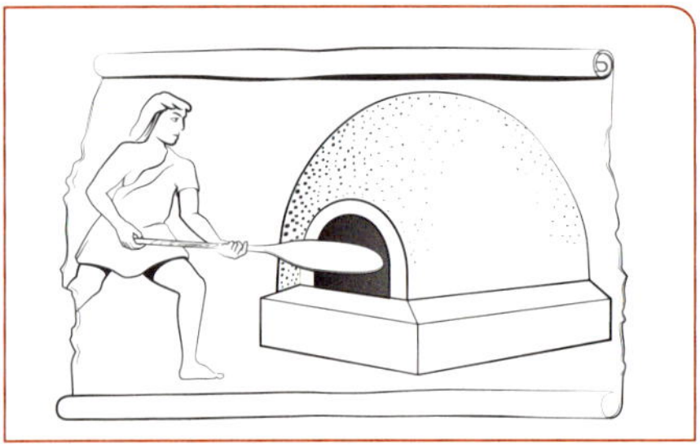

Griechischer Backofen in einer antiken Darstellung.

die Entwicklung des Bäckerhandwerks als eigenständiges Gewerbe, und die Hausbäckerei machte immer mehr dem gewerblichen Backen Platz. Wie in Augsburg um 1156 gründeten in allen Städten die Bäcker Innungen, die die Ausübung des Gewerbes strengen Bestimmungen unterwarfen und deren Übertretung bestraften.

Auch auf dem Land verbreitete sich das Bäckerhandwerk schon früh und versorgte vor allem die ärmere Dorfbewohnerschaft. Ihr Brot selbst zu backen, sei es im eigenen oder gemeinschaftlichen Backofen, war für die Dorfbewohner, die über die Mittel dazu verfügten, noch weit ins letzte Jahrhundert hinein ein wesentlicher Bestandteil der Selbstversorgung.

Vom Korn zum Mehl

Im zeitigen Frühjahr, sobald es die Witterung erlaubte, bestellten die Bauern ihre Felder und säten das Getreide aus. Dann hofften sie auf Sonne, Regen und Wind, die es wachsen und reifen ließen.

Ende Juli oder Anfang August begann die Getreideernte. Bis weit ins letzte Jahrhundert hinein wurden die verschiedenen Arbeitsgänge vorwiegend von Hand gemacht. Geschnitten wurde das Getreide mit dem „Haberrechen“, einer Sense mit einem Ausleger, die die Halme in gleichmäßigen Schwaden ablegte und die Ähren nach außen fallen ließ. So konnten sie von den nachfolgenden Helfern, meistens Frauen, mit Sicheln gut zu Bündeln zusammengerafft und mit einem Strang Halme zusammengebunden oder auf Garbenbänder oder -stricke gelegt werden. Das Auslegen dieser Bänder geschah vorwiegend durch Kinder. Diese gingen dazu mit einem dicken Bänderstrang über der Schulter neben den Frauen her und legten in gleichmäßigen Abständen ein Garbenband ab. Zusammengeschnürt wurden die schweren Garben dann anschließend meist von Männern. Sie nahmen die beiden Enden des Stricks in die Hände, knieten auf das Bündel und pressten es mit ihrem Körpergewicht so eng wie möglich zusammen. Dann banden sie den Garbenstrick so, dass er sich später beim Dreschen leicht wieder öffnen ließ. Anschließend wurden die Garben zum Trocknen aufgestellt, je nach Landesgegend in unterschiedlicher Form. Vom Wetter und Zustand der Garben hing es ab, wie

Geschick und Ausdauer waren nötig, um mit dem Haberrechen zu mähen.

lange sie auf dem abgeernteten Stoppelfeld stehen blieben.

Das Einführen war eine Arbeit, bei der alle Hände gebraucht wurden. Auf dem Feld luden die Erntehelfer die Garben auf die großen Leiterwagen, die von Zugtieren, später von Traktoren, gezogen wurden. Mit den Ähren nach innen wurden sie so aufgeschichtet, dass der Wagen den Weg nach Hause über holprige Feldwege gut überstand. Zur Stabilisierung wurde am Schluss eine lange Stange, der Wiesbaum, über die Ladung gebunden. Mit langzinkigen Rechen liefen dann meist Kinder über das Feld und rechten die Halme zusammen, die übrig geblieben waren.

In der Scheune angekommen wurden die Garben abgeladen und in den Barn, den Lagerraum, gesetzt. Auch hier drehte man sie in den äußeren Reihen mit den Ähren nach innen, sodass nichts von den kostbaren Körnern verloren ging. Vom Wagen gingen die Garben oft durch mehrere Hände, bis sie an ihren Platz auf dem Barn gelangten.

So wurde Wagen um Wagen heimgebracht, oft im Wettlauf mit der Zeit, wenn Regengüsse oder aufziehende Gewitter nahten. Freude und Dankbarkeit herrschten, wenn die letzte Fuhre gekommen war. Ein bunter Blumenstrauß wurde an einem Stock befestigt und auf das letzte abgeerntete Feld gesteckt. Die Helfer umstanden ihn, während der Bauer ein Gebet sprach. Dann ging es heim. Der letzte Erntewagen bekam einen Schmuck aus frischen

Getreide- und Mehlsäcke gehörten zur Aussteuer eines Bauernsohns. Sie wurden sorgfältig behandelt und wenn nötig auch geflickt.

Zweigen. Ausgelassen und fröhlich fuhr man durch das Dorf nach Hause. Alle waren erleichtert, wenn die harte Arbeit gelungen und die Ernte gut eingebracht war. Am darauf folgenden Sonntag feierten alle Erntehelfer die „Sichelhenke“ mit einem festlichen Essen.

Mit dem Winter kam die Zeit des Dreschens. Als noch mit dem Flegel gedroschen wurde, standen drei oder vier Männer einander gegenüber auf der Tenne, zwischen ihnen das Dreschgut, auf das nun im Takt mit den Flegeln geschlagen wurde. Anschließend musste das Korn von der Spreu getrennt werden. Mit der Werfel, der Kornschaufel, wurde es in der offenen Tenne immer wieder gegen den Wind hochgeworfen. Oder man gab es in eine Wanne aus Stroh und warf es immer wieder so hoch, dass die Spelzen und anderen leichten Teile vom Wind fortgenommen wurden. Anschließend schüttelte man die Wanne hin und her, damit die restlichen Strohteilchen nach oben kamen. Sie wurden dann mit einem Gänseflügel abgekehrt oder von Hand abgenommen.

Später übernahm die Putzmühle oder Windfege diese Arbeitsgänge. Die zunehmende Technisierung erleichterte mit Dreschmaschine, Mähbinder und anderen Maschinen die Erntearbeit, die von immer weniger Arbeitskräften bewältigt werden musste.

Lagern von Korn und Mehl

Noch lange wurde das Brotgetreide für den Eigenbedarf lose auf dem Schüttboden im Speicher des Wohnhauses aufbewahrt. Mit Mausefallen, die ganz einfachen waren aus drei Hölzchen und einem Dachziegel aufgebaut, schützte man das Korn vor den Mäusen. Gegen den Kornwurm, so hieß es, helfe ein Zweig vom Haselnussstrauch, den man in den Körnerhaufen steckte. Im Laufe des Winters brachte man das Getreide nach und nach zur Mühle. Gingen die Mehlvorräte zu Ende, wurde es zum Mahlen vorbereitet: Die vorgesehene Menge, zum Beispiel fünf oder zehn Zentner, wurde noch einmal auf Verunreinigungen durchgeschaut, in Säcke abgefüllt und gewogen. Damit in der Mühle bei großem Andrang die Säcke nicht verwechselt werden konnten, waren sie mit den Namen ihrer Besitzer gekennzeichnet. Ebenso die weißen Mehlsäcke, die höher und schmaler waren als Getreidesäcke und aus besonders dichtem Drillichgewebe bestanden. Sie wurden stets sorgsam sauber gehalten und vor jedem Benützen gewaschen und geflickt. Der Bauer nahm sie zur Mühle mit, um sie dort füllen zu lassen: Für das Schwarzbrot brachte er dunkles und für die feineren Backwaren helles Mehl mit nach Hause.

Bis zum Verbrauch wurden die Mehlsäcke auf dem Speicher gelagert, wo auf größeren Höfen für die Backutensilien meist ein besonderer Raum auf der Bühne eingerichtet war. In dieser Mehlkammer lagen die Säcke mäusesicher auf Rundhölzern und wurden von Zeit zu Zeit geklopft und gerollt, um Klumpenbildung und Ungezieferbefall vorzubeugen. Im Mai und Juni, wenn das Frühjahr zu Ende gegangen war und die Sommermonate begannen, war man darauf bedacht, möglichst wenig Mehl im Haus zu haben, denn durch den Temperaturwechsel konnte es feucht und klumpig werden. Vom Mehl hing viel ab – Qualität, Mischung und Alter waren entscheidend für das Gelingen des Brotes. Das Mahlen war Vertrauenssache, und auf den Müller musste man sich verlassen können. Mischte er heimlich Gerste in das Brotgetreide, dann gingen die Laibe nicht richtig auf, sondern blieben flach und fest. Dasselbe geschah, wenn das Mehl alt war.

In der Mehltruhe, einer großen Kiste mit Deckel und Lüftungsschlitzen, wurde in einer oder mehreren Abteilungen die Menge an Mehl aufbewahrt, die in der nächsten Zeit zum Backen gebraucht wurde. Immer wieder wurde das Mehl mit der hölzernen Mehlschaufel durchgearbeitet oder vom einen Fach ins andere umgeschaufelt. Am Vorabend des Backtages füllten die Frauen die benötigte Menge an Mehl in große Blechschüsseln und brachten sie in die Küche hinunter.

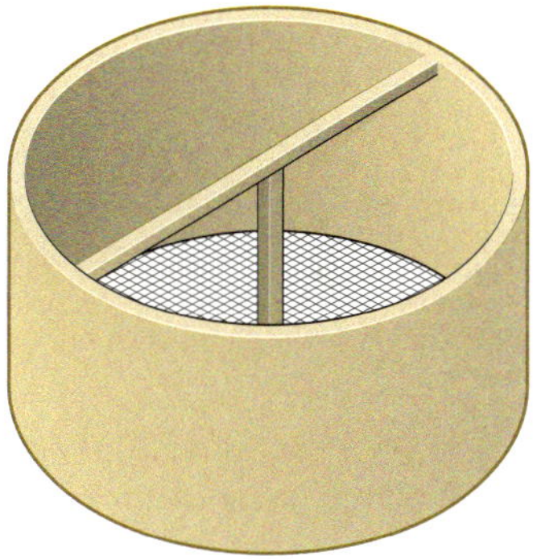

Früher wurde Getreide nicht gewogen, sondern mit Hohlmaßen gemessen.

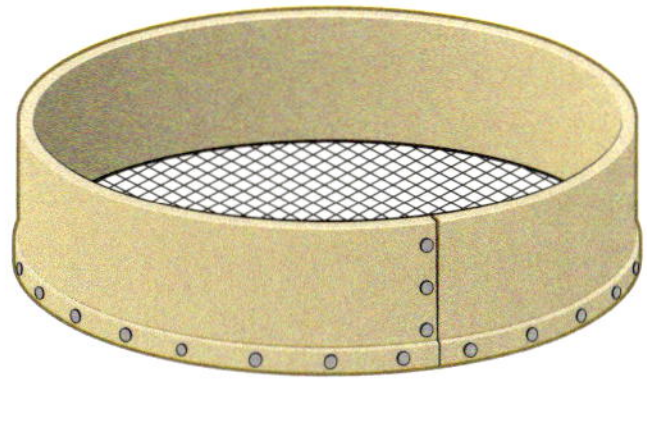

Vor dem Backen siebte man das Mehl.

Backtröge waren früher aus einem Baumstamm ausgehöhlt oder aus Holzbrettern gefertigt.

Backtag im Bauernhaus

Alle zwei bis drei Wochen war Backtag im Bauernhaus. Und nicht nur dort; wer im Dorf über Brotgetreide, Brennholz und einen Backofen verfügen konnte, backte sein Brot selbst, je nach Region im eigenen Backofen oder im Gemeindebackhaus. Die sozial Schwächeren waren auf die Dorfbäcker angewiesen, die es schon früh in den Gemeinden gab. Im bäuerlichen Haushalt wurden allenfalls Weißbrote und Kuchen zum Bäcker gebracht, um sie dort ausbacken zu lassen. Der alte Kinderreim: „Backe, backe Kuchen, der Bäcker hat gerufen ...“ handelt davon.

Wie häufig und wie viel gebacken wurde, hing von der Zahl der Esser, von der Größe des Backofens und von den Lagerungsmöglichkeiten des Brotes ab. Es galt der Grundsatz, Brot möglichst nicht frisch zu essen, da altbackenes Brot länger satt hält, dünner als frisches geschnitten werden kann und nicht so viel davon gegessen wird. Daher der Spruch:

„Mühlenfrisch und ofenwarm
machen den reichsten Bauern arm.“

Wie der Backtag in einem großen Haushalt ablaufen konnte, soll im Folgenden beschrieben werden.

Vorbereitungen

Eigentlich müsste man das Wort in die Mehrzahl setzen und von Backtagen sprechen, denn die Arbeit beschränkte sich nicht auf den einen Tag. Auch am Tag davor und danach hatten die Frauen mit dem Backen zu tun. Am Vortag bereiteten sie alles vor. Sie stellten den Teigtrog, Schüsseln, Backbleche und alle anderen Gerätschafen bereit. In vielen Haushalten hatte der schwere Teigtrog seinen festen Platz in der Küche oder der Backküche. Er war mit einem Holzdeckel versehen, der als Abstellfläche diente und am Backtag heruntergenommen und hier und dort auch als Arbeitsplatte verwendet wurde. Die Frauen holten das Mehl – dunkles für das Schwarzbrot und helles für Weißbrot und Hefezopf – aus der Truhe im Dachboden, siebten es durch und wogen es ab. Was die Mehlmenge anging, rechnete man für 1 kg Brot etwa 650 g Mehl. Üblicherweise wurden Dreipfünder, Laibe von 1,5 kg Gewicht, gebacken. Fasste der Backofen acht solcher Dreipfünder, mussten also rund 12 kg Mehl vorbereitet werden. Das geschah vor allem im Winter schon am Vortag, damit das Mehl aus dem eiskalten Dachboden sich erwärmen konnte. Am Backtag

Das Holz muss trocken sein, ganz gleich, ob es Reisigbüschel, Backprügel oder Scheiter sind.

selbst wäre zudem keine Zeit für das langwierige Durchsieben gewesen. Am Vorabend wurde auch der Teig angesetzt. Dazu rührte die Hausfrau in den vom letzten Backen zurückbehaltenen Sauerteig Mehl und warmes Wasser ein, damit der Teig arbeiten konnte, und gab diesen in eine Mulde zu dem abgewogenen Mehl im Trog. Er wurde dann bis zum nächsten Morgen mit Tüchern oder dem Mehlsack zugedeckt. Sollten dem Brotteig gekochte und fein geriebene Kartoffeln hinzugefügt werden, bereitete man diese ebenfalls am Vorabend vor.

Feuermachen und Teig bereiten

Am nächsten Morgen in aller Frühe, noch vor dem Stallmachen, wurde der Ofen eingeheizt. Zum Feuermachen diente dürres Reisig. Dann wurden, je nach Baumbestand landschaftlich verschieden, Backprügel, Holzscheiter oder auch Meterscheiter eingeschoben. Es wurden aber auch da und dort ausschließlich Reisigbüschel verfeuert. Backprügel sind bis zu armdicke, etwa einen Meter lange Äste; unter Meterscheitern versteht man aufgespaltene Äste von ungefähr einem Meter Länge.

Mit der Ofenkrücke wurde das Feuer allmählich auf der ganzen Flä-

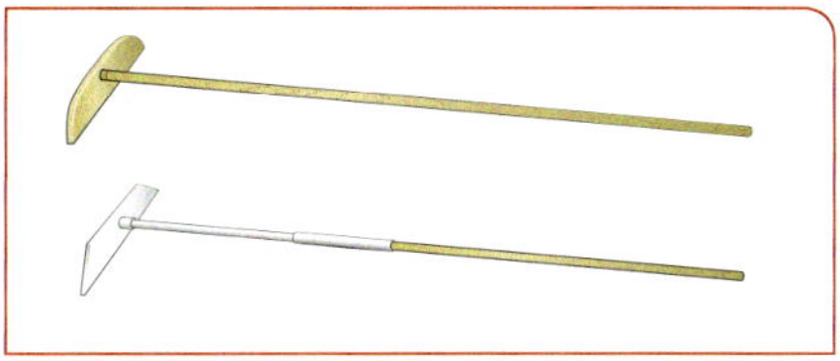

Mit der Krücke aus Holz oder Metall werden Glut und Asche aus dem Ofen geholt.

Um die erste Hitze abzufangen, wird Blootz eingeschossen. Daher nennt man ihn in anderen Gegenden auch Hitz- oder Flammkuchen.

che verteilt. Wie viel Holz gebraucht wurde, wusste man aus Erfahrung. Immer wieder wurde nachgelegt, bis die erforderliche Hitze erreicht war.

In der Küche wurde mittlerweile der Brotteig zubereitet. Zu Mehl und Vorteig im Trog kamen Wasser, Salz und Hefe. Dann stellten sich eine oder mehrere Personen daran und arbeiteten die Masse so lange durch, bis ein geschmeidiger Teig entstanden war, der sich gut von Trog und Händen löste. Wie lange dies dauerte, richtete sich nach der Menge des Teiges und der Anzahl der Kneter. Es war eine schweißtreibende Arbeit, die viel Kraft und Ausdauer erforderte. Die Mädchen und Frauen, deren Aufgabe das Kneten meist war, kam es oft hart an. Trat ihnen der Schweiß auf die Stirn, waren sie auf Hilfe angewiesen, da sie mit beiden Armen im Teig steckten. War der Teig fertig, wurde er zugedeckt und, je nach seiner Zusammensetzung, eine halbe Stunde, eine Stunde oder länger gehen gelassen.

Weil Holz kostbar war, nutzte man das Ofenfeuer gut aus und backte an diesem Tag nicht nur Schwarzbrot, sondern schob danach noch Hefezopf und Weißbrot in den Ofen. Vor dem Schwarzbrot wurde Blootz gebacken.

Ob Blootz oder Brot, diese Backutensilien waren wichtig.

Was ist Blootz?

Blootz oder Blatz ist eine einfache Art von Kuchen mit einem Boden aus Schwarzbrotteig und süßem oder salzigem Belag. Er wurde vor dem Brot gebacken, um die erste starke Hitze abzufangen – daher wurde er in anderen Landschaften auch Hitz- oder Flammkuchen genannt. Der Name Blootz kommt vermutlich vom lateinischen placenta, der Kuchen. Am Backtag wurde zum Mittagessen meist Suppe und danach frischer Blootz gegessen, da die Frauen keine Zeit hatten, während des Backens eine weitere Mahlzeit zuzubereiten. Um den Blootz aufzuschneiden und auf den Tisch zu bringen, gehörten zu jedem Haushalt etliche „Blootzdeckel“, das sind große, runde Holzbretter mit einem Griff. In anderen Gebieten waren flache, aus Weiden geflochtene Unterlagen gebräuchlich. Zum Blootz trank man gern Kaffee. Ein Stück Blootz bekamen am Backtag auch die Nachbarn und alle, die auf den Hof kamen, wie Zeitungsfrau und Briefträger und natürlich die Kinder, die immer zur Stelle waren, wo gebacken wurde.

Der Blootz wird vorbereitet

Während der Brotteig aufging, schnitten die Frauen Speck, Zwiebeln, Schnittlauch und Petersilie, schälten Äpfel, entsteinten Zwetschgen, verquirlten Rahm mit Eiern, fetteten die großen runden Blootzbleche ein und vieles mehr. Wenn der Teig aufgegangen war, wurde für jeden Blootz eine gute Hand voll davon weggenommen, ausgewellt und in die Bleche gelegt. Dann kamen die Beläge darauf. Gesalzen waren die Grieben-, Kartoffel-, Kümmel-, Schnittlauch- und Speckblootze, süß die Apfel-, Zwetschgen-, Rahm- und einfachen Zuckerblootze. Die süßen Blootze schmeckten noch besser mit einem Boden aus dem süßen, hellen Hefeteig, der für das Weißbrot zubereitet wurde.

Um Lufteinschlüsse zu verhindern, muss der Brotlaib sorgfältig ausgewirkt werden.

Auch das Feuer durfte nicht vergessen werden. War das Holz heruntergebrannt und bildete nur noch weiße Glut, dann war auch das Ofengewölbe, der Himmel, weiß geworden und zeigte damit an, dass die nötige Hitze erreicht war.

Das Kneten der Laibe

Inzwischen standen die Brotnäpfe bereit, mit Napftüchern ausgelegt und mit Mehl bestäubt. Das Ausformen der Laibe konnte beginnen. Mit dem Schaber holte die Bäckerin einen Teigballen von einem bis zwei Kilogramm aus dem Trog und wirkte ihn auf dem bemehlten Tisch oder Backbrett aus: Mit der einen Hand drehte sie die Teigkugel beständig, mit dem Handballen der anderen drückte sie sie immer wieder nach innen zur Mitte. Das Durcharbeiten machte den Kleberanteil im Mehl frei und verhinderte Lufteinschlüsse. Es entstand ein runder oder länglicher Laib mit glatter Ober- und faltiger Unterseite, der zum weiteren Aufgehen in den Brotnapf gelegt wurde. Die faltige Seite des Laibes, der Teigschluss, kam dabei nach oben; sie bildete nachher die Unterseite. Waren alle Laibe ausgeformt, wurden sie mit den Tuchzipfeln zugedeckt und ruhten. Nun kamen die Blootze in den Ofen.

Vorbereiten des Ofens

Zunächst musste die Glut ausgeräumt werden. Mit der Ofenkrücke holte man sie nach vorn und schob sie in ein bereitgestelltes Blechgefäß. War die Krücke aus Holz, so tauchte man sie immer wieder in den vor dem Ofen stehenden Wassereimer; bei den späteren eisernen war das nicht mehr nötig. Danach wurde der Ofentisch mit einem Reisigbesen oder dem „Hudelwisch“, einem Lappen an einem langen Stiel, von Glut- und Ascheresten gesäubert. War dann noch die Hitze geprüft, konnte eingeschossen werden.

Die richtige Temperatur ließ sich auf unterschiedliche Weise feststellen. Einst bewegte man eine Roggenähre unter dem Ofenhimmel hin und her. Wenn ihre Grannen braun wurden, war die Hitze richtig; wurden sie schwarz, war der Ofen zu heiß und man musste mit dem Einschießen noch etwas warten. Manche warfen eine Hand voll Mehl in den Ofen und sahen am Braunwerden, wie stark die Hitze war. Es wird auch berichtet, dass da und dort Mehl hineingeworfen und dann ein Vaterunser gesprochen wurde; war das Mehl am Ende des Gebets leicht angebräunt, stimmte die Hitze. Andere legten ein Zeitungsblatt hinein, das denselben Dienst tat. Manche maßen die Hitze auch an ihrem nackten Arm, den sie vorsichtig in den Ofen hielten und dabei bis zu einer bestimmten Zahl zählten. Hielten sie durch, dann stimmte die Temperatur. Alle schworen auf die von ihnen angewandte Methode. Am sichersten war es, stets die gleiche Menge gleichartigen Brennholzes zu verwenden, aber auch dann waren Schwankungen möglich. Doch jede Bäuerin kannte „ihren“ Ofen und wusste aus Erfahrung, wann der Zeitpunkt zum Einschießen war.

Zum Säubern des Ofentisches gibt es verschiedene Geräte: Stroh- oder Reisigbesen oder den „Hudelwisch“, einen Lappen an einem Stiel. Eine Kette dazwischen macht ihn noch beweglicher.

Das Einschießen

Wurde die Hitze für richtig ermessen, schob man die Blootzbleche ein. Wo die dünnen Blootze ohne Backform in den Ofen kamen, wurden sie auf Blootzdeckeln zum Ofen gebracht und dort auf den Brotschieber gelegt, was mitunter gar nicht einfach war. Blieb der Blootz am Deckel hängen, ließ er sich mit einem Faden ablösen, den man darunter hindurchzog.

Der Blootz blieb zehn bis fünfzehn Minuten im Ofen. Wurde er im Blech gebacken, wurde hier und dort erst danach die Ofenplatte gründlich von Glut und Asche gereinigt. Da das Brot unmittelbar auf dem Ofentisch ausge-

Vorsichtig wird der Laib auf den bemehlten Brotschieber gestülpt.

Mit dem Brotschieber gibt man die Laibe in den Backofen und holt sie nach dem Backen wieder heraus.

backen wurde, musste er dafür frei von Ascheresten sein.

Zum Einschießen der Brotlaibe war man am besten zu zweit: Die eine schlug das Napftuch zurück und stülpte den Napf vorsichtig auf den bemehlten Schießer, sodass die andere den Laib mit der glatten Seite nach oben hineinschieben konnte. Nach altem Brauch machte die Bäuerin über dem ersten und letzten Laib das Kreuzzeichen oder drückte mit drei Fingern das Zeichen der Dreieinigkeit ein. Beim Einschießen musste man rasch und doch bedacht vorgehen, denn schnell hatte man sich „verschossen“ und der Laib landete nicht am richtigen Platz. Dann konnte man ihn nicht gleich umsetzen, sondern erst, wenn sich nach etwa zehn Minuten unten eine Kruste gebildet hatte. Lag dann Laib an Laib im Ofen, wurde noch eine Schüssel Wasser dazu gestellt und die Ofentür geschlossen.

Schon bevor das Schwarzbrot in den Ofen kam, wurden Weißbrot und Hefezopf vorbereitet. Der Hefezopf wurde entweder auf den großen runden Blootzblechen oder in Kapseln, rechteckigen, hochrandigen Backformen, gebacken. Nach dem Gehen wurde er mit Eigelb oder Milch bestrichen und mit Zucker bestreut. In die runden Weißbrotlaibe, die zur Kirchweih gebacken wurden, ritzte man gern mit dem Messer ein Ornament wie Baum, Blume oder Stern ein und bestrich sie mit schwarzem Kaffee, damit sie eine schöne Farbe bekamen.

Das Brot ist fertig

Je nach Größe der Laibe dauerte das Backen eine bis zwei Stunden. Dann wurde das Brot mit dem Brotschieber wieder Laib um Laib herausgeholt. Sollte das Brot „genetzt“ sein, also eine glänzende und keine mehlige Kruste bekommen, fuhr man gleich nach dem Backen mit einer nassen Bürste darüber. Das konnte aber auch schon vor dem Einschießen geschehen, oder man holte die Laibe kurz vor dem Fertigbacken heraus, machte sie nass und schob sie noch einmal in den Ofen. Jeder Haushalt hatte da seine eigene Methode. Zum Abkühlen wurden die Laibe in die leeren Näpfe gelegt. Waren sie ganz ausgekühlt, trug man sie in den feuchtkühlen Keller, wo sie auf einer mäusesicheren aufgehängten Brothänge oder einem Brotständer bis zum Verzehr aufbewahrt wurden.

Das Zeichen, das beim Einschießen in den letzten Laib gedrückt worden war, hatte auch einen praktischen Nutzen: Dieser Laib, an den drei Löchern erkennbar, durfte erst aus dem Keller geholt werden, wenn alle anderen heraufgebracht worden waren. So sah die Bäuerin, wann der Brotvorrat aufgebraucht war und wieder gebacken werden musste.

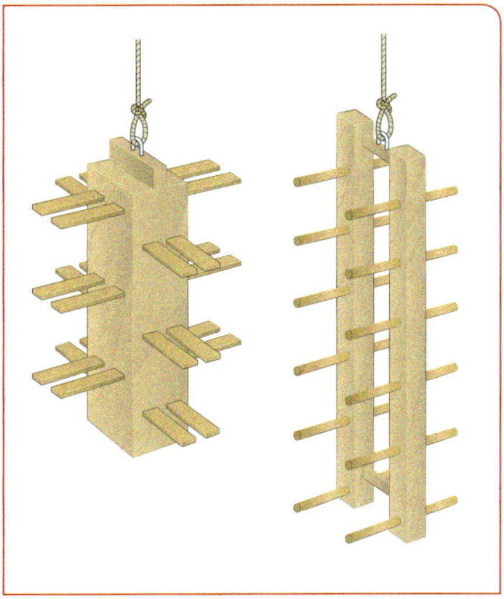

Brothängen schützten das Brot im Keller vor Mäusen.

Der Brotlaib, der gerade im Anschnitt war, hatte seinen Platz in der Schublade des Esstischs oder im Vorratsschrank. In manchen bäuerlichen Haushalten gab es auch einen besonderen Brotschrank, in dem das Brot luftig und doch sicher hinter einer Tür aus dünnem Holzgeflecht aufbewahrt werden konnte. Später kamen Brotkapseln aus Blech auf den Markt.

Backen vor Festtagen

Mehrmals im Jahr gab es große Backtage, an denen viel mehr als das Übliche gebacken wurde. Da war die Kirchweih – die Kärwe, Kirbe, Kermes oder wie sie sonst genannt wurde – nach

In den ersten und letzten Laib wurden oft vor dem Einschießen symbolhafte Zeichen gedrückt.

der Ernte im Herbst. Am Kirchweihsonntag gab es nicht nur ein besonders gutes Mittagessen für alle Erntehelfer, sondern sie bekamen auch Blootz, Hefezopf und Weißbrot. Jedem, der beim Einbringen der Ernte mitgeholfen hatte, stand eine bestimmte Menge davon zu, und keine Bauernfamilie, die es sich leisten konnte, wollte in den Ruf geraten, geizig zu sein. So gab es in Hülle und Fülle zu essen und zum Mitnehmen für die Angehörigen daheim. Es war auch üblich, dem Pfarrer und dem Lehrer etwas vom Gebackenen zu bringen, ebenso den Nachbarn, vor allem dann, wenn sie selbst nicht in der Lage waren, viel zu backen.

Eine Bäuerin erzählt: „In der Woche vor der Kärwe wurde gebacken. 1956 machte ich eine Notiz in meinem alten Kochbuch. Wir backten 12 Apfel-, 10 Zwetschgen-, 10 Beerlesblootz, 5 Kranz, 5 Gugelhupf im großen Holzbackofen, den wir heute noch haben. Und natürlich noch die üblichen 10 Schwarz- und 10 Weißbrotlaibe. Die Dienstboten bekamen dann ihren Kärweblootz, von jeder Sorte ein großes Stück. Auch der Kuhhirte war beim Mittagessen dabei und bekam Blootz, Kranz und Weißbrot."

Auf die Frage des Lehrers nach den drei höchsten christlichen Festen soll einmal ein Hohenloher Bub geantwortet haben: „Weihnachten, Metzelsupp' und Kärwe!"

Eines haben diese „Festtage" tatsächlich gemeinsam: Sie waren mit vielen Vorbereitungen verbunden. Bei der Kärwe war es vor allem das Backen. Da wurde auf manchen Höfen der Backofen zwei Tage lang nicht kalt.

Dazu erzählt eine Bäuerin: „Donnerstags wurde Weißbrot, Gugelhupf, Hefezopf und das Schwarzbrot gebacken; am Freitag kamen noch unzählige Blootze dazu. Meine Mutter war erleichtert und stolz, als dann am Freitagnachmittag alles schön aufgereiht in der Backstube und Küche stand und verlockend duftete. Kärwe, du kannst kommen! Nach getaner Stallarbeit trat meine Mutter frohen Mutes wieder in die Küche ein, blieb aber wie angewurzelt unter der Tür stehen. Ihr war nach Lachen und Weinen zugleich zumute, so grotesk war das Bild, das sich ihr bot: Unser Liesele, das Geißlein, hatte die Gunst der Stunde genutzt und sich Zugang zur Küche verschafft. Nun stand es mitten auf dem Tisch, mit seinen vier Beinchen jeweils in einem Blootz, und vom fünften fraß es gerade den Belag herunter. Die Hausgemeinschaft musste sich an dieser Kärwe mit fünf Blootzen weniger begnügen. Für alle wurde es aber dennoch ein schönes Fest, auch fürs Liesele."

Der Montag nach der Kirchweih war früher ein Bauernfeiertag, an dem üblicherweise nicht auf dem Feld gearbeitet wurde. Als es jedoch in einem Herbst wochenlang geregnet hatte, musste der Knecht doch an diesem Tag hinaus, um den Acker zur Saat vorzubereiten. Die Bäuerin hatte ihm Kärweblootz in ein Tuch eingeknüpft. Als es Zeit war zu vespern, setzte er sich nieder und knotete sein Tuch auf. Er war nicht zufrieden. „Mir", sagte er, „gibt man 13 Stück mit, und die daheim können essen, so viel sie mögen."

Außer für die Kirchweih backte man besonders viele und gute Dinge für die großen Jahresfeste wie Ostern und Weihnachten. Auch Familienfeste wie Taufe und Hochzeit boten Anlass, mehr als sonst zu backen. Hutzelbrot – in anderen Gegenden Schnitz-, Kletzen- oder Früchtebrot genannt – wurde in der Vorweihnachtszeit in großen Mengen gebacken, da es sich lange aufbewahren ließ. Außer den getrockneten Birnen, den Hutzeln, enthielt es getrocknete Pflaumen, Walnüsse, Haselnüsse, Sultaninen und etliche andere Zutaten. Die Hutzeln, die man dafür benötigte, wurden schon im Herbst hergestellt. Am Backtag nach dem Brotbacken, wenn der Ofen noch heiß war, schoben die Frauen vorbereitete Birnenschnitze auf speziellen Trockenhürden zum Dörren in den Ofen. Die so entstandenen Hutzeln waren lange haltbar. Man bewahrte sie in Säckchen auf, die im Speicher auf dem Dachboden aufgehängt wurden. Da

Für das Obstdörren im Backofen verwendete man besondere Hürden mit einem Boden aus dünnem Holz.

und dort wurden sie auch auf dem Kleiderschrank der elterlichen Schlafkammer verwahrt, um sie vor unliebsamen Zugriffen zu schützen. Hutzeln waren für die Kinder eine begehrte Leckerei und gehörten zu den wenigen Vitaminspendern im Winter. Man verwendete sie nicht nur für das Hutzelbrot, sondern kochte auch Kompott daraus. Gekochtes Backobst mit süßem Brei gab es vor allem in der kalten Jahreszeit häufig zum Mittagessen.

Eine alte Frau erzählte, wie sie als kleines Mädchen von ihrer Mutter morgens eine Hand voll Hutzeln in die Schürzentasche gesteckt bekam als Wegzehrer für den drei Kilometer langen Schulweg. Diese Wohltat hatte sie auch nach 80 Jahren nicht vergessen.

Schönes Weihnachtsgebäck war der Stolz der Bäuerin. Schon seit dem Herbst wurden dafür Wal- und Haselnüsse geknackt. Für das Backen im Winter verwendete man Eier, die im Keller aufbewahrt wurden. Sie lagerten mit Wasserglas übergossen in Töpfen aus Steingut.

Was noch in den Backofen kam

War der Backtag zu Ende, wurde die noch vorhandene Hitze und Wärme des Ofens weiter genutzt, so zum Dörren der erwähnten Birnenhutzeln und anderem Backobst aus Pflaumen und Äpfeln. Birnen und Äpfel wurden in Schnitze geschnitten, Pflaumen entsteint und halbiert. Die Trockenhürden waren selbst gemacht: ein Rahmen aus Holzlatten mit einem Boden aus Buchenlatten oder geflochtenen dünnen Spanhölzern. Das Obst brauchte zwei Temperaturen zum Dörren: Die höhere machte es gar, die schwächere dörrte es dann aus. In manchen Gegenden kannte man „Backbirnen“; um sie herzustellen, schob man ganze Birnen in den Ofen. Ebenfalls im Ofen getrocknet wurden mancherorts die Zichorie, deren Wurzeln als Kaffeezusatz verwendet wurden.

Wenn in einem Haus Backtag war, nutzten die Nachbarn gern die Ofenhitze mit und brachten ihr Mittagessen, um es nach dem Brot in den Backofen zu schieben. Meist waren das Aufläufe und andere Süßspeisen. Dies bot sich besonders freitags an, da früher an diesem Tag auch in evangelischen Familien, vor allem natürlich im Pfarrhaus, kein Fleisch gegessen wurde.

Dabei ereigneten sich auch kleine Zwischenfälle, wie eine Frau aus einem Nachbardorf berichtet: „Jeden Freitag schickte die Frau Pfarrer ihre Köchin mit dem Blech Ofennudeln zu uns mit der Bitte, sie in unserem Holzbackofen mitzubacken. Es war Kriegszeit; alle Backzutaten waren schwer und nur für teures Geld zu beschaffen. Deshalb waren die Ofennudeln genau abgezählt: für jedes Familienmitglied eine, für den Herrn Pfarrer zwei. Als wieder einmal die Ofennudeln herrlich duftend in unserer Küche standen und darauf warteten, von der Pfarrköchin abgeholt zu werden, nahm sich mein Vater gedankenlos eine Nudel vom Blech und aß sie genüsslich auf, nicht ahnend, was er da tat. Das Blech wurde abgeholt, und in allen Familien aß man zu Mittag. Nur im Pfarrhaus war die Welt nicht ganz in Ordnung. Der Herr Pfarrer bekam heute nur eine Ofennudel; seine Frau erhielt dafür einen milden, strafenden Blick, den sie an die Köchin weitergab. Diese war sich keiner Schuld bewusst. So kam die liebe Pfarrfrau am Nachmittag zu uns, um sich nach dem Verbleib der Ofennudel zu erkundigen. Meine Mutter erfasste die Situation sofort, sah meinen Vater an und sagte nur: „Karl!“ Dieser ging, holte ein schönes Stück Rauchfleisch und legte es in den Korb der Pfarrfrau. Der Herr Pfarrer hat dann meinen Vater aufgefordert, sich doch bitte jeden Freitag eine Ofennudel vom Blech zu nehmen, wenn es dafür Gerauchtes gäbe.“

Wenn im Herbst und Winter gebogene Stiele für Heu- und Mistgabeln, Hacken, Sensen und andere Geräte hergestellt wurden, bediente man sich in manchen Landschaften gern des Backofens. Die grünen Weidenstiele wurden auf die Glut gelegt, bis die Rinde anfing zu platzen. Sie wurde abgezogen und der heiße Stiel in die gewünschte Form gebogen. Dazu nahm man eine Leiter, steckte das eine Ende des Stiles zwischen zwei Sprossen und band das andere so an die anderen Sprossen, bis die gewünschte Biegung erreicht war. Nach dem Trocknen behielt der Stiel die ihm gegebene Form.

Es wird auch berichtet, dass bei großen Hochzeiten im Backofen in Schwarzbrotteig eingeschlagener Schinken gebacken, außerdem Rouladen und andere Fleischgerichte geschmort wurden.

Eine weitere Nutzungsmöglichkeit war das Flachsdörren, von dem im Abschnitt „Aus alten Rechtsordnungen“ berichtet wird. Zu guter Letzt wurde das Brennholz für den nächsten Backtag in den Ofen geschoben, damit es durchtrocknen konnte.

Am folgenden Tag wurden alle Geräte wieder an ihren Platz geräumt. Die kalte Asche sammelte man, um Waschlauge daraus herzustellen. In einen Eimer Wasser rührte man etwas Asche ein und ließ sie einige Zeit stehen. Nachdem sie sich gesetzt hatte, goss man das Wasser ab und verwendete es zum Einweichen und auch zum Waschen der Wäsche.

Wie es am Backtag war

Aus der Sicht von Kindern …

Wenn sich Erwachsene an die Backtage zurückerinnern, die sie als Kinder miterlebt haben, sprudeln die Erzählungen bei den meisten kräftig, und viele, meist angenehme Erinnerungen an diesen Tag sind noch lebendig. Das hängt vielleicht mit der Vorfreude, den Wohlgerüchen und den guten Dingen zusammen, die es zu essen gab, wenn daheim oder bei Nachbarn und Verwandten gebacken wurde. All dies ist Kindern besonders eindrücklich. So hat eine alte Bäuerin noch heute das Bild ihrer Mutter vor Augen, wie jene im Türrahmen des Backhauses lehnt und auf das Weihnachtsgebäck im Ofen wartet, während draußen der Schnee fällt, und sie erinnert sich an das Glücksgefühl, das sie als Kind dabei empfand.

Da sich Kinder leichter in dem engen Backofen bewegen konnten, wurden sie gern zu Hilfsdiensten herangezogen. Mit einer Petroleumlampe versehen mussten sie beispielsweise die Bratbirnen, wenn diese lose zum Trocknen in den Ofen gelegt worden waren, wieder herausholen. Beim Hut-

Verschiedene Geräte sind nötig, um den Backofen zu bedienen.

zeln- oder Zwetschgendörren war ihre Aufgabe, hinterher die schwarz gewordenen Früchte, die „Pfaffen“, auszulesen. Als Belohnung dafür gab es vielleicht ein Apfellaible, im Norden Apfelpussel genannt: Um einen dicken, säuerlichen Apfel herum wurde eine dünne Schicht Weißbrotteig gelegt und knusprig herausgebacken. Eine andere Leckerei war dünn ausgewalzter Teig, der in den Ofen gelegt wurde und als bräunliche, harte Platte herauskam. War diese schon lecker zu knuspern, so wurde sie noch besser, wenn man sie mit dem Wellholz zerkleinerte und die Splitter in einer Pfanne röstete und schmälzte.

Peter Rosegger erzählt in seinen Kindheitserinnerungen vom Backofen: „Er gab uns nicht allein Wärme, er gab uns auch Brot. Alle zwei Wochen einmal war Backtag. Man kennt die Stattlichkeit der Brotlaibe bäuerlicher Abkunft; solcher Laibe ihrer vierzehn hatten nebeneinander Raum auf dem glühend heißen Steinboden drinnen. Während der Ofen also das Brot buk, hatte unsere Mutter ein besonderes Heil mit ihm. Da durfte kein feuchter Lappen in seiner Nähe hängen, da durfte in der Stube keine Tür und kein Fenster aufgemacht werden, damit kein ungeschaffenes Lüftchen den braven Ofen anwehe und seine Frucht etwa beeinträchtige. Zwei Stunden lang dauerte die Backzeit, und da war es in der Stube allerdings so, dass nicht bloß die Heiligen auf dem Hausaltar schwitzten, sondern auch alle Fenster – selbst im hohen Sommer. ... Einmal stieß in solch heikler Stunde des Backens der Wind ein Fenster auf: Was geschah? Die Brotlaibe, die schon angefangen hatten aufzuschwellen, fielen in sich zusammen und blieben speckig wie ein Klumpen Schmer (Fett, Schmalz). Nicht *ein* so großes Löchelchen im Innern des Laibes, dass man ein Haferkorn, geschweige eine Erbse drin hätte verstecken können! Damals hat die Mutter geweint. Wir aßen das Brot in der Suppe wie sonst. ‚Wenn's den Laib im Ofen nicht auftreibt, so treibt's den Magen auf‘, hieß es, und so war's auch. Am Backtag gab's für mich kleinen Buben allemal eine säuerliche Freude. Denn bevor das Brot in den Ofen kam, musste ich hinein. Aber zum Glück nicht nach dem Feuer, sondern vor demselben. Da war's etwas staubig drinnen und rußig und ganz finster. Mit einem Besen aus Tannenreisig hatte ich den Steinboden des Ofens auszufegen, Kohlen, Asche fortzuschaffen und dann die großen Holzscheiter übereinanderzuschichten, die mir die Magd zum Ofenloch hineinsteckte. ... Zum Lohn für solch finstere Taten bekamen wir Kinder jedes ein frisch gebackenes Brotstriezlein, welches wir gleich in noch dampfendem Zustand verzehrten.“

In Kindheitserinnerungen aus Schleswig-Holstein um die Jahrhundertwende zum 20. Jahrhundert wird erzählt: „Öfter noch als das Waschen, alle zwei Wochen vielleicht, war das Brotbacken fällig. Da wurden Eimer mit heißem Wasser in das Backhaus getragen, der Sack mit dem guten dunklen Roggenmehl stand schon im Troge bereit. Abends wurde gesäuert, die Mehlhände und die weißen Schürzen der Mädchen waren ungemein festlich, ebenso der Holzrauch am anderen Morgen, der aus dem kurzen dicken Schornstein kerzengerade hoch über den alten Kirschbaum stieg oder blau in die Büsche des Gartens niederschlug. Der Teig wurde geknetet, zu Broten geschlagen und jedes einzelne locker in grobem Mehl gewälzt. ... Hin und wieder geschah es, dass man das Backen um ein paar Tage hinausschieben musste; es konnte sein, dass der alte Roggen verbraucht und der neue noch nicht gedroschen war oder dass der Müller keinen Wind in der Mühle hatte. Oftmals wurde ein Kind zum Hoftor geschickt, um zu sehen, ob die Flügel sich immer noch nicht wieder drehten. Es war nicht zweckmäßig, sich mit Bäckerbrot zu behelfen, das immer zu frisch war und nichts verschlug. Freilich, den Kindern schmeckte es dennoch, eben weil es das Ungewöhnliche war."

... und wie Erwachsene den Backtag erlebten

Wer am Backtag an verantwortlicher Stelle stand, erinnert sich meist an Mühen und Hektik, die mit diesem Tag verbunden waren. Vom Gelingen hing viel ab.

Peter Rosegger schreibt dazu: „Ich vermute, die Mutter hat während des Einschießens allemal ein heiliges Gelöbnis gemacht: Einen Rosenkranz extra will sie beten oder einem Bettler besonders will sie ein großes Stück Brot schenken, wenn's gelingt. Denn wie ich schon angedeutet – allemal gelang es nicht."

Der Druck war groß, denn der Schaden war beträchtlich, wenn eine ganze Ofenladung missriet. Natürlich war es für die Bäuerinnen auch eine Frage der Ehre, dass ihr Brot gelang. So standen die verantwortlichen Frauen an diesem Tag unter einem Druck, der sich oft auf ihre Umgebung übertrug. Von der Belastung ist bei vielen auch im Zurückerinnern noch etwas zu spüren.

So schildert eine Frau, die nach dem Krieg als junges Mädchen auf einen großen Bauernhof in Süddeutschland kam, wie am Backtag alle, die auf dem Hof lebten und arbeiteten, von Nervosität ergriffen wurden. Man sah dem Backtag mit Schrecken entgegen, obwohl der Arbeitsablauf stets gleich blieb und es genügend Helferinnen gab, von denen jede ihre feste Aufgabe hatte. Während die Bäuerin das Feuer überwachte, kneteten Mägde und Töchter den Teig. Dennoch war mit vielerlei Unvorhergesehenem zu rechnen, das den Erfolg gefährden konnte: Das Mehl konnte nicht in Ordnung sein, der Sauerteig, die Hefe; der Brotteig konnte nicht gut aufgehen, zu weich oder zu fest sein, der Ofen konnte nicht recht ziehen, das Feuer hatte seine Tücken und konnte zu schwach sein. So gab es immer einen Grund zur Aufregung, und alle atmeten auf, wenn der Tag mit seiner Hektik und Rennerei vorüber war. Das war so sehr zur Gewohnheit geworden, dass der Backtag auch dann seinen Schrecken nicht verlor, als in den 60er-Jahren des vorigen Jahrhunderts ein großer Elektrobackofen angeschafft wurde, der die Arbeit um vieles erleichterte.

Von Hof zu Hof wurde das Backen unterschiedlich gehandhabt. War auf dem einen Hof das Feuermachen reine Männersache, so hatten auf dem Nachbarhof vielleicht ausschließlich die

Gugelhupf, Hefekranz und Weißbrot liegen für den Sonntag bereit.

Frauen damit zu tun; gab man im einen Haus bei der Teigzubereitung das Wasser zum Mehl, so mochte es im anderen gerade umgekehrt sein. So viele Haushalte es im Dorf gab, so viele Methoden kamen möglicherweise zur Anwendung. Das brachte mit sich, dass Spannungen auftreten konnten, wenn eine junge, neu auf einen Hof kommende Ehefrau so backen wollte, wie sie es von ihrem Elternhaus her gewohnt war, denn die Schwiegermutter schwor verständlicherweise auf ihre bewährte Methode. So konnte das Backen – wie manch anderer Arbeitsbereich auf dem Bauernhof – Anlass geben für Konflikte zwischen den Generationen. Auch daran erinnern sich Betroffene mit gemischten Gefühlen.

Was beym Brodbacken zu beachten ist

aus einem „Noth- und Hülfsbüchlein“ von 1814

„Eine säuerte zu kalt ein: da wurde es klümpichtes Brod, die andere zu heiß, da wurde es blasig. Eine nahm zu wenig Wasser, das gab zu festes Brod, das wie Bley im Magen lag, die andere zuviel, da wurde es glitschig und blieb zwischen den Zähnen kleben. Mit dem Sauerteige wußten sie es noch weniger zu treffen. Eine frischte ihn nicht oft genug auf, da wurde er stinkend und verdarb das Brod. Eine nahm zu wenig, da blieb das Brod sitzen; und eine zu viel, daß es schwammigt wurde. Daß man ein wenig Salz in den Teig thun muß, wußte eine nicht; die andere nahm zu viel Salz. Beym Einmengen und Kneten war diese und jene zu ungeschickt oder zu faul, den Teig so lange durchzuarbeiten, bis er nicht mehr an den Händen kleben blieb. Manche schliefen zu lange, wenn sie des Abends gesäuert hatten; da versauerte der Teig und machte hernach den Leuten Bauchgrimmen. Auch konntens die wenigsten mit der Hitze im Backofen recht treffen. Entweder war er zu heiß; da verbrannte es auswendig und blieb inwendig teigig und wasserstreifig; oder nicht heiß genug: da wurde das Brod ausgedörrt, verlor alle Kraft, und blieb in der Mitte doch klebrig. Manche Frau schob die Brode flugs in den Ofen um bald fertig zu seyn: da bläserte sich die Rinde und löste sich ab. Daher kam es denn, daß im Dorfe Magendrücken, Leibweh und Verstopfung kein Ende nahmen, und die Kinder vor Würmern nicht zu bleiben wußten; woran allein das schlechte Brod schuld war."

Sitten und Bräuche ums Brot

Fragt man ältere Menschen nach Bräuchen im Zusammenhang mit Brot, so erzählen viele von Handlungen, die mit dem Kreuz zu tun haben, dem uralten bäuerlichen Heilszeichen und später christlichen Symbol. Das Malzeichen, oft als Raute dreifach aneinandergereiht, war einst Symbol des Wachstums und der Vermehrung. Unsere Ahnen ritzten es in Holz und Stein, malten es an Türen und Tore und beschrieben es mit der Hand als Geste, so zum Beispiel über dem Brot. Im Christentum wurde es zum Sinnbild für Kreuzestod und Erlösung und bekam so einen neuen Sinn.

Vor dem Backen schlug die Bäuerin über dem aufgegangenen Brotteig drei Kreuze. Beim Einschießen beschrieb sie über dem ersten und dem letzten Laib entweder drei Kreuze, oder sie drückte mit den Fingern drei Löcher, das Zeichen der Dreieinigkeit, in diese Laibe. Wurde ein frischer Brotlaib angeschnitten, schlug der Bauer, dessen Aufgabe dies in der Regel war, mit dem Brotmesser ein- oder dreimal das Kreuzzeichen über dem Laib.

In einem Heimatbuch aus dem Jahr 1929 wird berichtet: „Als Backtage gelten meist Dienstag und Freitag, den Donnerstag meidet man möglichst, weil sonst Unglück in den Stall oder der Maulwurf in den Garten komme. Dies besonders dann, wenn mehr als dreimal im Jahr an diesem Tag gebacken wird. Über den Sauerteig streicht man abends dreimal in Form eines Kreuzes und spricht einen Vers dazu. Kommt der erste Laib einer Backet in den Ofen, dann werden mit Daumen, Zeige- und Mittelfinger drei Tupfen in den Teig gedrückt und dazu gesprochen: Walt' Gott, daß's bäckt. Der erste Laib des neuen Brotes wird umgekehrt, das heißt mit der Unterseite nach oben, auf den Tisch gelegt. Wird einem Besuch dünner Kuchen (Blootz) aufgewartet, so ist am ersten Stück ein kleiner Teil der Spitze abzuschneiden. Die Wertschätzung des Brotes, dessen allmähliches Werden die bäuerliche Bevölkerung im Lauf des Jahres in Arbeit und Sorge fördert, kennzeichnet das Wort: Jedes weggeworfene Stück Brot schreit achtmal nach Gott."

Redensarten um Getreide und Brot

Der Weizen blüht – eine Sache steht gut. Wer *das Korn mit seinem Scheffel misst* oder *Korn auf seine Mühle leitet*, möchte sich einen Vorteil verschaffen. *No ned hudla* – nur nicht hudeln (den Ofentisch mit dem Hudelwisch reinigen), also eine Sache nicht schnell und oberflächlich erledigen. Wer *nicht recht gebacken* ist, ist nicht ganz bei Verstand. Viele *finden überall ihr Brot*. Wer in einer Sache nicht recht vorwärts kommt, *backt kleine Brötchen*. Was schnell verkauft wird, *geht weg wie warme Semmeln*. Er *muss den Brotkorb höher hängen*, also sparsamer leben. Jemand *gönnt einem anderen nicht die Butter auf dem Brot*. Einer *lässt sich nicht die Butter vom Brot nehmen*. Er *kann sich nicht die Butter aufs Brot leisten*, oder *er spart sich das Brot vom Munde ab*. Wer etwas *für ein Butterbrot bekommt*, hat es günstig erworben; und wer immer *auf die Butterseite fällt*, hat Glück im Leben. *Sein Brot in der Fremde essen*. Sich begnügen mit *den Brosämlein, die von des Herren Tische fallen*. Wer bei der Partnerwahl lange zögert, *dem muss man eine (oder einen) backen*.

Sprichwörter

Man erntet, was man gesät hat.
Wer Wind sät, wird Sturm ernten.
Man muss die Spreu vom Weizen trennen.
Wer zuerst kommt, mahlt zuerst.
Wess' Brot ich ess, dess' Lied ich sing.
Wer alle Tage Kuchen isst, sehnt sich nach Brot.
Einem Hungrigen ist kein Brot zu schwarz.
Trocken Brot macht Wangen rot.
Anderer Leute Brot ist der Kinder Kuchen.

Wie die Wörter entstanden sind

Das Wort *Laib* ist älter als *Brot* und bedeutet das ungesäuerte Brot, das geformt auf Tellern gebacken wurde. Im Angelsächsischen hieß die Frau des Hauses „hlaefdige", die Laibkneterin, der Mann war der „hlaeford", was mit Laibwart übersetzt werden könnte. Daraus wurde „lady" und „lord", Brotherrin und -herr.

Brot ist mit „brodeln" und „brauen" verwandt und hat mit der Gärung des Sauerteigs zu tun. *Hefe* hängt mit „heben" zusammen; sie bewirkt, dass sich der Teig hebt. *Kuchen* entstand wohl aus dem lateinischen coquere, kochen; aus placenta, der Kuchen, wurde der *Blootz* oder *Blatz*. *Semmel* kommt vom lateinischen „simila", das ist feines Weizenmehl. Der *Wecken* war ursprünglich keil- oder rautenförmig; im Althochdeutschen ist „wecki" ein Keil oder auch ein keilförmiges Gebäck. Die *Brezel* mit ihren verschlungenen Armen soll aus dem lateinischen „brachium", der Arm, entstanden sein.

Aus alten Rechtsordnungen

Schon früh waren der Bau und die Benützung von Backöfen feuerpolizeilichen Bestimmungen unterworfen. Um 1220 findet sich in der ältesten Rechtsordnung im deutschen Raum, dem Sachsenspiegel, die Auflage, dass Backöfen drei Fuß vom Nachbargrundstück entfernt sein mussten. Dort heißt

Auch zum Flachstrocknen wurde der Backofen manchmal verwendet.

es auch: „Jeder soll auch seinen Backofen und seine Esse beschirmen, auf daß die Funken nicht in eines anderen Mannes Hof fahren, ihm zu Schaden."

Dorfordnungen in Hohenlohe, die zwischen 1500 und 1700 aufgestellt wurden, enthalten eine Fülle von Geboten, die Backofen und Backen betreffen. So schreibt die Gemeinde Dörzbach um 1535 vor: „Die Backöfen sollen außerhalb der Häußer und ohne Schaden seines Nachbarn gesetzt, auch keiner mit Stroh oder Brettern, sondern alle mit Ziegeln gedeckt werden." In vielen Ortschaften durfte „... morgens, ehe man den Tag erkennen kann", und auch nach dem Abendläuten kein Feuer im Backofen gemacht werden. Es war verboten, in der Nähe des Ofens Holz zu lagern. Man musste stets einen Wassereimer in Ofennähe bereithalten, und „bei Straf der (all) gemeinen Buß" war untersagt, am Backtag vor Mittag aus dem Haus zu gehen und den Backofen allein zu lassen. Die Teilnahme an der Gemeindeversammlung war für alle Dorfbewohner Pflicht, allerdings, „wenn jemand daheim einen Teig knetet, der ist der Buß entledigt".

Sehr strenge Auflagen und hohe Strafen bei Nichteinhalten sind in vielen Ordnungen mit dem Flachsdörren verbunden. Der Flachs, der nach der Ernte einige Zeit auf einer Wiese oder einem Stoppelfeld ausgebreitet wurde und verrottete, damit sich die Faser vom Halm löste, musste anschließend zum Dörren (= Darren) in die Flachsdarre gebracht werden. Wenn es im Dorf keine solche gab, behalf man sich mit dem Backofen. Dazu musste der Ofen besonders sorgfältig ausgeräumt werden, denn schon das kleinste Glutstückchen konnte die ganze Füllung in Flammen aufgehen lassen. Deshalb war es in vielen Gemeinden bei Strafe verboten, in Backöfen, die innerhalb des Hauses lagen, Flachs zu darren, und auch in den separat liegenden Backhäusern war das Einlegen von Flachs nur zu bestimmten Tageszeiten erlaubt.

Die Fülle von Verordnungen zeigt, dass die Feuergefahr, die von den Backöfen ausging, groß war und entsprechend ernst genommen wurde. Es konnte schlimme Folgen für den Hof, die Nachbarhäuser und das ganze Dorf haben, wenn ein Brand ausbrach. So wird von einer Gemeinde berichtet, in der durch Flachsdörren ein Feuer ausgebrochen war, das in einer Viertelstunde 26 Wohngebäude in Schutt und Asche legte.

Backprügel sollen an einem luftigen und trockenen Platz gelagert werden.

Bäcker

Viele Dorfordnungen befassen sich mit dem berufsmäßigen Backen. So war festgelegt, welchen Preis der „Beck“ für ein Klafter Backholz zu bezahlen hatte, dass er bis 10 Uhr morgens Brot nur an die Dorfbewohner und nicht an Fremde verkaufen durfte, dass er regelmäßig zu backen hatte und vor allem nicht nach Gutdünken Gewicht und Preis seiner Ware bestimmten konnte. Letzteres gab am häufigsten zu Klagen Anlass, wenn auch Brot- und Weckwäger eingesetzt waren, die die Bäcker kontrollierten. Da gerade die ärmeren Dorfbewohner ihr Hauptnahrungsmittel beim Bäcker kaufen mussten, lag den Verantwortlichen an reellen Bedingungen, denn für die in völlige Armut und Abhängigkeit geratenen Bewohner war die Gemeinde sorgepflichtig.

In den Städten teilten sich die Bäcker in verschiedene Untergruppen auf. Da die Zunftordnungen nur eine begrenzte Anzahl an Handwerkern eines Gewerbes zuließen und neben oder nach dem Vater nur einer seiner Söhne Meister werden konnte, spezialisierten sich die Bäcker innerhalb ihrer Zunft. So gab es beispielsweise die Schwarzbecken, die Schwarzbrot und halbweiße Groschenlaible verkauften; Weißbecken hatten das Recht, Brezeln, Wecken und Weißbrot herzustellen. Letztere hielten ihre Ware allmorgendlich vor dem Rathaus feil und gingen sonntags in die Dörfer, um dort den Bauern vor der Kirche frische Backwaren anzubieten.

Der Holzbackofen

Backöfen im und am Haus

Die Größe eines Hofes, die finanziellen Möglichkeiten seiner Besitzer, die örtlichen Gegebenheiten und seine Zweckbestimmtheit beeinflussten Lage und Form des Backofens. So wurden in den vergangenen 150 Jahren ganz unterschiedliche Öfen gebaut, die aber doch bestimmte Grundprinzipien gemeinsam hatten. Sie lagen entweder innerhalb des Hauses oder waren außerhalb in einem eigenständigen Gebäude untergebracht. Eine Zwischenform war der ans Haus angebaute Ofen, der von innen bedient wurde.

Die Küche liegt im 1. Stock. Der Backofen wird von hier aus bedient.

Der Backofen im Haus

In größeren Hofstellen war der Backofen oft ganz in das Bauernhaus eingefügt und lag meist in Küche oder Diele, konnte aber auch mit Wasch- und Schlachtküche verbunden sein.

In kleineren Wohnhäusern und in eng angelegten Dörfern waren die Öfen vielfach an eine Außenwand der Küche angebaut und wurden von der Küche aus benützt. Lag die Küche im 1. Stock, so konnte der Raum unter dem Ofen als Hasen- oder Hühnerstall dienen; oder der Ofen war gestelzt, das heißt mit Pfosten oder einer Mauer abgestützt.

Die Öfen im Haus hatten den Vorteil, dass die Frauen nicht der Witterung ausgesetzt waren und kurze Wege hatten. Zudem wärmte der Ofen im Winter das Haus etwas mit. Nachteilig war der Schmutz, den man mit dem Holz ins Haus trug und der durch das Hantieren mit Glut und Asche entstand. An windigen Tagen durfte wegen der Zugluft kaum die Küchentür aufgemacht werden, während die Ofentür geöffnet war. Zog der Ofen nicht richtig, stand der Rauch in der Küche. Doch der größte Nachteil war die Feuergefahr, die von solch einem

Dieses Backhaus aus Neureut ist gestelzt und hat einen eigenen Kamin.

Ofen ausging. Deshalb unterschieden die polizeilichen Feuerverordnungen vielfach zwischen Öfen, die innerhalb, und denen, die außerhalb des Hauses lagen.

Eine Variante des Ofens im Haus war die kombinierte Back-, Wasch- und Schlachtküche, die meist im Erdgeschoss des Wohnhauses neben den Ställen lag. Manchmal wurde darin auch Schnaps gebrannt. Hier konnte der Backofen außen angebaut oder ganz im Raum aufgemauert sein.

Der Backofen am Haus

Auch das frei stehende Backhaus, das die ältere Form ist, kam in vielen Abwandlungen vor. Da gab es ganz einfache, überdachte Öfen ohne Vordach. War das Dach etwas vorgezogen, bot es beim Backen schon mehr Schutz vor

Wie ein Schwalbennest klebt dieser Backofen aus dem Engadin an der Hauswand.

Dieses einfache Backhäusle steht jetzt im Freilandmuseum Wackershofen.

In großen Backhäusern wurde auch gewaschen und geschlachtet.

der Witterung. Mit einem regelrechten Vorraum ausgestattete Backhäuser erleichterten das Arbeiten bei Wind und Wetter. Hier stand an einer Längsseite meist ein einfacher Tisch, auf dem vor dem Backen die Brotnäpfe und danach die Laibe abgestellt werden konnten. Auch die Backgeräte hatten hier Platz.

Auf größeren Gehöften waren die Backöfen oft in einem separaten Gebäude untergebracht, das aus Feuerschutzgründen Abstand zu den anderen Bauwerken hatte und in dem auch gewaschen, geschlachtet und Schnaps gebrannt werden konnte.

Welche erstaunlichen Rückschlüsse der Backofen auf die Ehe der Besitzer zulassen kann, schildert eine Bäuerin aus dem Hällischen: „Als wir nach dem Krieg den Backofen neu aufbauen mussten, bat ich meinen Mann, er solle einen kleinen Vorraum bauen, damit ich nicht beim Backen im Regen stehen muss. Aber er sagte, das sei vorher auch nicht so gewesen und es sei gegangen und deshalb werde es wieder so gemacht. Er brauchte ja nicht zu backen. Seither sage ich, dass die eheliche Liebe nicht stimmt ohne Vorraum und dass sie schon besser ist mit Vorraum und dass sie ganz groß und gut ist bei einem Back-, Schlacht-, Wasch- und Brennhaus, groß wie ein kleines Wohnhaus.“

Gemeindebackhäuser

Wegen der Feuergefahr und des hohen Holzverbrauchs wurde im alten Württemberg schon vor 1800 der Bau von privaten Backhäusern untersagt. Stattdessen sollten Gemeindebackhäuser errichtet werden.

In anderen Regionen gab es solche Verbote nicht, und Eigenbacköfen waren die Regel. So auch im Fürstentum Hohenlohe, wo jedoch dem reformfreudigen Pfarrer Johann Friedrich Mayer (1719–1798), dem seine Zeit viele Neuerungen in Land- und Hauswirtschaft verdankte, die Vorteile des Gemeindebackofens so sehr einleuchteten, dass er 1773 in einem seiner Bücher schrieb:

„Es ist wahr, es hat viele Bequemlichkeit, nahe an der Hand einen eigenen Wasch- und Backofen zu haben; es wäre aber weit nützlicher, wann alle Bauren eines Orts ein gemeines Waschhaus und einen gemeinschaftlichen Backofen besäßen; man würde sehr vieles Holz hiedurch erspahren, und vielen Gefahren des Feuers hiedurch entgehen. Es ist sehr leicht zu begreifen, daß ein erkalteter Backofen, bis er wieder erhizet, weit mehr Feuer und Holz fodert, als ein anderer, der in steter Hize und Wärme erhalten wird. Der zweite Ofen ist der gemeinschaftliche, in welchem, so bald als des einen Brod heraus genommen wird, des anderen seines wieder hineingeschossen wird. Hier, wo man so verfährt, ist ein Büschel Reisig, oder ein Bund Stroh hinreichend, dem schon erhizten Ofen den Grad der Hize, den er bedarf, wieder zu geben ...“

Im neuen Königreich Württemberg, zu dem auch Hohenlohe gehörte, verordnete König Wilhelm I. 1834 in einem Erlass den Bau gemeindeeigener Backhäuser in ganz Württemberg. Doch nicht in allen Landesteilen setzte sich das gemeinschaftliche Backen durch. Das lag wohl daran, dass die Menschen

Gemeindebackhäuser standen meist an zentraler Stelle im Ort und dienten mehreren Zwecken.

Neuerungen mit Skepsis betrachteten und gar ablehnten, vor allem, wenn es Verordnungen aus der neuen Landeshauptstadt waren. In Hohenlohe sah man keine Notwendigkeit, gemeindeeigene Backhäuser zu errichten, da die Dörfer hier meist weiträumig angelegt waren und die Feuergefahr dadurch nicht so groß war wie in den engen Dörfern Altwürttembergs. Man sah keinen Grund, das eigene vorhandene Backhaus zu Gunsten eines kostspielig neu zu errichtenden Dorfbackhauses aufzugeben. Backen und Waschen waren zudem Dinge, bei denen man sich hier nicht so gern über die Schulter schauen ließ.

Backen im Dorfbackhaus

Wo in anderen Gebieten Württembergs gemeinschaftlich gebacken wurde, geschah das auf unterschiedliche Art und Weise. In einem Dorf nahe Löwenstein wird der Verlauf so geschildert: Das Dorfbackhaus war an jedem Wochentag in Betrieb. Die Reihenfolge des Benützens wurde von einer Frau geregelt, in deren Küche eine Schiefertafel hing, auf die sich eintragen ließ, wer in den nächsten Tagen backen wollte.

Brottragen wurden vor allem in Gemeindebackhäusern benützt.

Das kostete 30 Pfennig Gebühr. Es standen jeweils drei Stunden Backzeit zur Verfügung. Dabei gab es beliebte und weniger beliebte Zeiten. Wer früh kam, konnte sich die beste Zeit aussuchen.

Das Backhaus hatte einen Vorraum und zwei große Backöfen nebeneinander. Damit die Hitze gut ausgenutzt wurde, backten an jedem Ofen zwei Frauen wechselweise. Wenn der Ofen noch warm war, brauchte man zwei bis drei große Büschel Buchenreisig für sechs Blootz und sechs Laibe Brot. Wer als Erster in dem noch kalten Ofen einheizte, benötigte mehr Brennmaterial. Besonders viel wurde vor Weihnachten und zur Kirchweih gebacken. Da kam es vor, dass der letzte Durchgang nachts von 12 bis 3 Uhr stattfand. Das Backen vor Weihnachten war besonders schön. Da saß man im warmen Vorraum, wartete, plauderte und probierte gegenseitig seine „Brötle“, das Weihnachtsgebäck.

In kleinen Gemeinden wurde das Dorfbackhaus meist nicht so häufig benutzt und kam nur an bestimmten Wochentagen, oft dienstags und freitags, zum Einsatz. Auch hier trug sich, wer backen wollte, in eine Liste ein. Dabei wurde ein bestimmter Turnus eingehalten, damit jeder im Wechsel in den Vorteil kam, den noch warmen Ofen heizen zu können. Die Reihenfolge des Backens konnte aber auch durch das Los entschieden werden: Am Vorabend

Mit dem Baust konnte man das Brot auf dem Kopf tragen.

des Backtags kamen die Frauen am Backhaus zusammen und zogen Zettel mit Nummern, die die Reihenfolge bestimmten. So blieb es dem Zufall überlassen, wer das erste Anfeuern übernehmen musste und wer später im vorgeheizten Ofen Feuer machen durfte.

Jede Frau brachte das Brennmaterial, das sie brauchte, von zu Hause mit. War es viel, so lud sie die Büschel und Backprügel auf einen Schubkarren oder Leiterwagen. Der Teig in den Näpfen dagegen durfte nicht erschüttert werden. Deshalb sollten die Näpfe nicht gefahren, sondern getragen werden. Wurden sie auf dem Kopf getragen, schützte man sich mit einem kleinen Polster, dem sogenannten Baust, schwäbisch Bausch. Ein vertrauter Anblick waren am Backtag Frauen und Mädchen, die mit drei Näpfen – einen auf dem Kopf und je einen unter den Armen – zum Backhaus und wieder nach Hause gingen. Mehrere Näpfe trugen Frauen mit dem Tragebrett auf dem Kopf, das sie auf dem Baust balancierten und gut festhielten. Eine andere Möglichkeit des Transports war die Trage oder Bahre, ein Gestell mit Füßen und Griffen, das auf zwei Ebenen Platz für die Backwaren bot. Sie gehörte zur Ausrüstung des Gemeindebackhauses und konnte von allen benutzt werden.

Damit am Backtag jede Frau ihr Brot wiedererkennen konnte, vor allem wenn die Laibe von mehreren Haushalten gleichzeitig in den Ofen kamen, markierte jede ihr Brot mit einem Zeichen. Sie stach beispielsweise mit einer Gabel ein Muster ein, oder sie drehte aus einem Teigrest eine Rolle, „schrieb" damit den Anfangsbuchstaben ihres Namens und drückte ihn auf den Laib. Es gab auch regelrechte Brotstempel mit Initialen oder religiösen Symbolen.

Das Gemeindebackhaus war zugleich ein Ort der Begegnung. Hier wurden wie einst an den Brunnen und später an den Milchhäuschen Nachrichten und Neuigkeiten ausgetauscht. Man erfuhr etwas von Wohl und Wehe seiner Nachbarn; man war kein „Eigenbrötler".

Eine andere Form des gemeinschaftlichen Backens ist aus dem Westfälischen bekannt. Hier gehörte das Backhaus weder den einzelnen Bauern noch der Gemeinde, sondern einer Gemeinschaft, die jeweils aus sechs bis zehn Familien bestand. Es waren große und kleine Bauern, Taglöhner und Handwerker, die sich in diesen Backgenossenschaften zusammenschlossen. Man nannte sie „Backeserben". Einmal im Jahr setzten sie sich zusammen und losten den Wochentag aus, an dem jede Mitgliedsfamilie backen durfte. Die sechs Tage standen auf Holztäfelchen, die von den Familien gezogen wurden, wobei sich diejenigen den Tag teilten, die kleinere Mengen backten. War es nötig, so konnte man seinen Tag auch mit einem Nachbarn tauschen. Der Backhausschlüssel hing in der Stube des Bauern, der allen am nächsten wohnte, und musste dorthin zurückgebracht werden. Die Backgenossenschaften kamen ohne schriftliche Statuten aus. Alles ging auf Treu und Glauben und wurde ausschließlich mündlich vereinbart – und, wie Berichte von Zeitzeugen überliefern, auch eingehalten.

Rückgang und Wiederaufleben

Es waren verschiedene Gründe, die zum Niedergang der Backhäuser führten. Auf dem Land standen immer weniger Arbeitskräfte zur Verfügung. In vielen bäuerlichen Haushalten hielten elektrische Backöfen Einzug. Die Menschen wurden mobiler. Bauern konnten in den Genossenschaften für ihr abgeliefertes Getreide Brot eintauschen.

So wurden viele Backhäuser abgerissen, andere verfielen oder wurden zum Aufbewahrungsort für Gerümpel. Aus manchen entfernte man den Ofen und führte sie neuen Verwendungszwecken zu, als Werkstatt, Hasen- oder Hühnerstall.

In den Dreißigerjahren des letzten Jahrhunderts wurde der Gedanke des gemeinschaftlichen Backens noch einmal aufgegriffen. Das führte in vielen Gemeinden zum Bau von Gebäuden, zu denen neben dem Backofen auch ein Schlachtraum, die Viehwaage, das Feuerwehrmagazin und andere gemeinschaftlich genutzte Einrichtungen gehören konnten. Auch diese Häuser, sofern sie noch bestehen, haben heute nur noch in seltenen Fällen ihren ursprünglichen Zweck.

Seit das Interesse am Brotbacken wieder zugenommen hat, lebt da und dort auch der alte Brauch des gemeinschaftlichen Backens wieder auf, und manches Dorfbackhaus wurde hergerichtet und erlebt aufs Neue regen Zulauf. Es gibt aber auch Ortschaften, wie beispielsweise im Neckartal und seinen Seitentälern oder auf der Schwäbischen Alb, in denen sich das Backen im Dorfbackhaus nahezu durchgehend erhalten hat und heute wie eh und je zum Dorfleben gehört.

Am Backtag war auch Zeit für ein kleines Gespräch.

In einer großen Gemeinde im Neckartal sind es etwa 35 Hausfrauen, die alle zwei Wochen an drei Tagen in den beiden Öfen des Dorfbackhauses ihr Brot backen. Gern würden noch mehr Frauen dabei sein, doch da aus der Nachbarschaft des Backhauses immer wieder Beschwerden wegen des Rauches laut wurden, musste man sich auf diese Zeiten beschränken. Für das notwendige Heizmaterial sorgte bisher jede Frau selbst, das heißt, sie musste sich Reisig beschaffen und brauchte einen Platz, wo sie es lagern konnte. Da nicht immer beides zur Verfügung stand, sprang die Gemeinde ein, der an der Fortführung der alten Tradition gelegen war. Sie stellt nun seit einiger Zeit das beim Schnitt von gemeindeeigenen Büschen und Bäumen anfallende Reisig zur Verfügung, dazu eine alte Scheune als Lagerplatz. Das „Holzmachen“ besorgen die Beteiligten selbst.

Aufbau des Backofens

Holzbacköfen, ganz gleich, wie sie im Detail gebaut und ausgestattet sind, weisen stets drei Bauelemente auf. Dies sind:

- der Herd, die viereckige Unterlage, gemauert und mit Schamotteplatten belegt. Auf ihrer Oberfläche, dem Ofentisch, liegt das Backwerk.
- das Ofengewölbe über dem Herd, das walzen- oder kuppelförmig sein kann.
- der Ofenmund, die vorne liegende Öffnung für Brennmaterial und Backwerk, früher mit einem dicken Holzbrett, später mit einem Eisenblech oder gusseisernen Türchen verschlossen.

Die alten Backhäuser besaßen noch keinen Kamin. Der heiße Rauch zog durch einen oder zwei Kanäle, deren Öffnung hinten im Gewölbe lag und die sich vorn über dem Ofenmund zur Zugöffnung vereinigten. Im Durchziehen erwärmte er die Kuppel des Gewölbes von oben. Die Zugöffnung war mit einem Verschluss versehen, der beim Einheizen zur Seite geschoben wurde, damit der Rauch abziehen konnte. Er entwich nach vorn ins Freie. Bei Öfen, die in der Küche beheizt wurden, zog er in den Rauchfang über dem Küchenherd. Oft wurde auch über dem Ofenmund ein Blechtrichter angebracht, der den Rauch in den Kamin leitete. Während des Backens blieb der Zug geschlossen.

Auch bei den Backhäusern mit Kamin wurde der Rauch zum Erwärmen

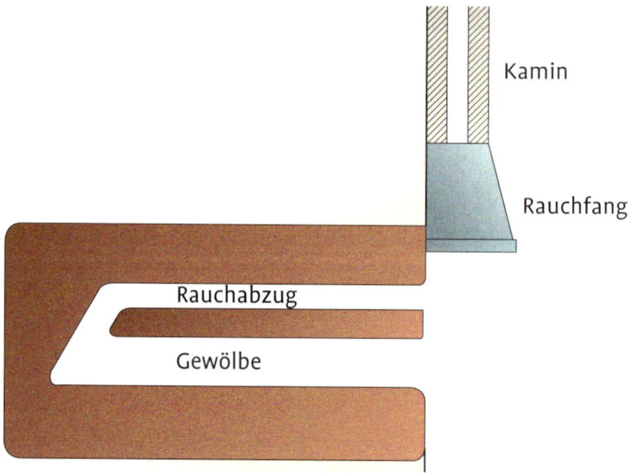

In alten Bauernhäusern mit in der Küche integriertem Backofen hatten Backofen und Küchenherd oft einen gemeinsamen Kamin.

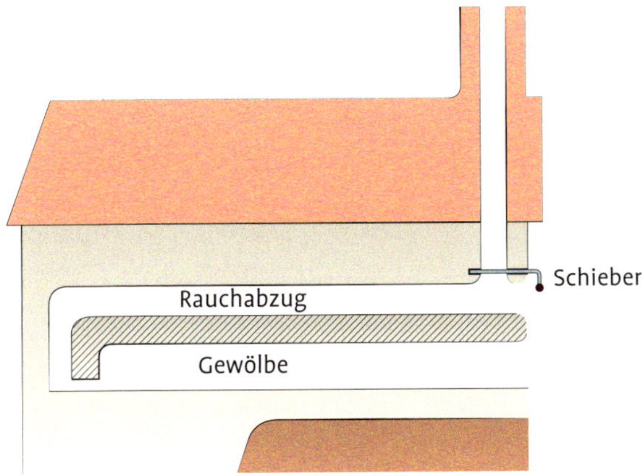

Besaß der Backofen einen eigenen Kamin, konnte der Abzug mit einer Klappe reguliert werden.

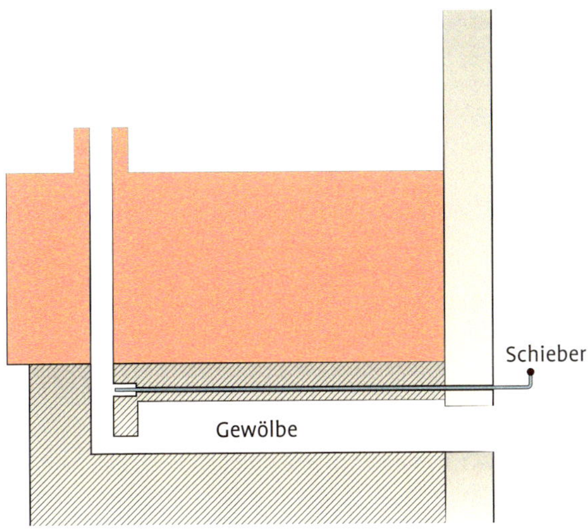

Bei den dem Bauernhaus außen angebauten Backhäusern lag der Kamin häufig hinten.

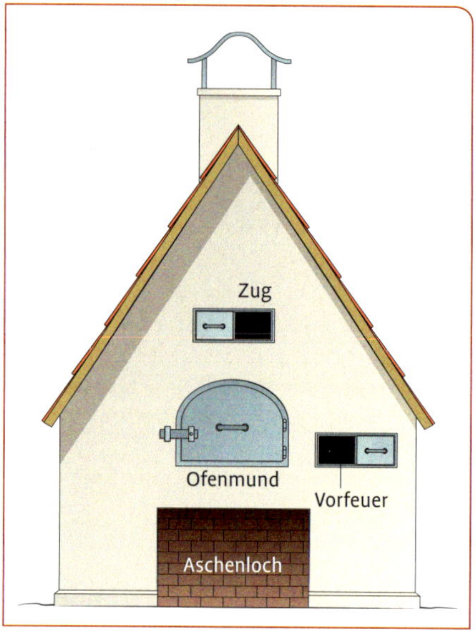

Backhaus mit Kamin und seinen wesentlichen Bestandteilen von vorne.

des Gewölbes genutzt. Hier führte der Zugschacht nicht zur Zugöffnung, sondern in den darüber gebauten Kamin, der über dem Ofenmund oder seitlich davon aus dem Dach ragte. Bei kleinen, einfach gebauten Backhäuschen konnte der Kamin hinten über dem Ende des Gewölbes liegen. Ein Blechschieber, mit dem der Kamin verschlossen werden konnte, war mit einer langen Stange verbunden, die vorn am Ofenmund bedient wurde.

Seitlich neben dem Ofenmund war bei vielen Öfen eine kleine Öffnung mit Türchen angebracht: das Leucht- oder Vorfeuer. Sie diente ebenfalls der Luftzufuhr, hatte jedoch vor allem den Zweck, dass von hier aus mit einer Lichtquelle der Ofenraum erhellt werden konnte. Die Bäuerin zündete hier eine Hand voll Stroh, feines Reisig oder ein zusammengeknülltes Zeitungspapier an und sah in ihrem Lichtschein, wie weit die Brote gebacken waren. Es soll auch kleine Eisenpfannen mit Stiel gegeben haben, auf denen man das Feuerchen weiter in den Ofen hineinschieben konnte, um noch genauer zu sehen. Lämpchen mit Rüböl hatten denselben Zweck.

Über dem Ofengewölbe war Sand als einfache Wärmeisolierung aufgeschüttet. Der kleine Raum im Giebel über dem Ofen war oft durch ein Türchen zugänglich und konnte zum Aufbewahren der Backgeräte dienen.

Wenn es möglich war, baute man die frei stehenden Backhäuser so, dass sie ihre Öffnung nicht nach Westen, zur Wetterseite hin, hatten, damit der Ofenmund nicht dem Wind ausgesetzt war. Das galt vor allem für die Backöfen ohne einen Vorraum.

Auf großen Gehöften wurden später in die Back- oder Wirtschaftsküchen vielfach Holzbacköfen mit zwei Ebenen eingebaut oder als fertige Öfen aufgestellt. In diesen konnte man in beiden Stockwerken Feuer machen und backen. Wurde nur unten eingeheizt, so schob man hier nach dem Ausräumen der Glut das Schwarzbrot, in die obere Etage das empfindlichere Weißbrot ein.

Baumaterial

Bevor der Backofenbau von Handwerkern wie Maurern und gelernten Ofensetzern übernommen wurde, baute der Bauer seinen Ofen selbst. Über einem Sockel aus gestampftem Lehm wölbte er ein Gerüst aus grünen Weidenruten und Flechtwerk, das er mit einer dicken Lehmschicht überzog. Wurde der Ofen zum ersten Mal beheizt, trocknete das Lehmgewölbe aus und wurde hart. Später verwendete man für das Gewölbe luftgetrocknete Lehmziegel. Da das Hochmauern eines schönen Gewölbes in freier Konstruktion praktisch nicht möglich ist, wurde für das Gewölbe ein Holzgerüst mit der gewünschten Wölbung im Ofen errichtet. Mithilfe dieser Schablone mauerte der Ofenbauer das Gewölbe auf, und so wird es auch heute noch gemacht.

Später wurde Sandstein nicht nur für das Gebäude selbst, sondern auch für Fundament, Ofentisch und Gewölbe verwendet. Sandstein erwärmt sich schnell und hält die Hitze gut, doch darf der Stein keine Einlagerungen haben, die ihn mit der Zeit brüchig werden lassen. Mehr und mehr setzte sich deshalb für den Ofen gebrannter Ziegelstein durch. Als flache Backsteine aus Schamotte, also feuerfestem Ton, in den Handel kamen, verwendete man diese zum Ausmauern. Sie hatten den Vorteil, dass sie leicht ersetzt werden konnten, wenn einmal ein Stein zerbrach. Für den Ofentisch haben sich große Platten aus Schamotte bewährt.

Bevor ein Ofen zum ersten Mal angeheizt wurde, musste er 8 bis 14 Tage austrocknen. Beim ersten Feuer verbrannte auch das hölzerne Gerüst, das der Ofensetzer zum Mauern des Gewölbes gebraucht hatte.

Die Funktionsweise des Backofens

Der Holzbackofen arbeitet mit Speicher- und Strahlungswärme. Durch das Feuer werden das Mauerwerk des Gewölbes und der Ofentisch erhitzt. Sie speichern die Hitze und strahlen sie, nachdem die Verbrennungsreste entfernt wurden, auf das Backwerk zurück.

Diese Wirkungsweise wurde durch Jahrtausende im Backofenbau genutzt. Erst als sich gegen Ende des 19. Jahrhunderts der in England erfundene Dampfbackofen, in dem Heizraum und Backraum getrennt waren, auch in Deutschland verbreitete, endete die große Zeit des Holzbackofens.

Von Backprügeln und Bachbengele

Im Volksmund heißt es: Mit Holz feuern gibt zweimal warm; das erste Mal beim Holzmachen, das zweite Mal beim Heizen. Wer sich schon damit beschäftigt hat, kann dieser Weisheit sicher zustimmen.

Auf dem Lande war es eine wichtige Winterarbeit, nicht nur das Brennholz für Herd und Stubenofen zu schlagen, sondern auch das Backholz vorzubereiten. Das Holzmachen im Wald war weitgehend Männerarbeit. Je nach Landschaft wurden Buchen, Fichten oder Tannen gefällt, entastet, gerebbelt (geschält), zersägt und gespalten. Die Äste wurden auf großen Reisighaufen gesammelt. Das war häufig Frauenarbeit; ebenso wie das „Vermachen“, das Verarbeiten dieser Reisighaufen, wenn sie aus dem Wald ans Haus gebracht worden waren: Zweige wurden von den Ästen abgehackt, auf ungefähr gleiche Länge gebracht und zu „Büschele“ gebunden. Dafür gab es da und dort ein Gerät, das das Bündeln der Zweige erleichterte.

Die Büschel brauchte man, um das Feuer im Backofen anzuzünden. Je nach Waldbestand beheizte man in manchen Landschaften auch die Backöfen ausschließlich mit Büscheln aus dürrem Reisig.

Die Äste wurden ebenfalls in möglichst gleich lange, etwa einen Meter lange Stücke gehackt. Das war das eigentliche Backholz. Mit diesen Backprügeln oder Bachbengele ist es leichter, eine gleichmäßige Hitze im Backofen zu erreichen als mit Holzscheitern. Die Backprügel wurden an einem trockenen Platz aufgeschichtet und erst im darauf folgenden Jahr verwendet. Die Bäuerin wusste genau, wie viele Prügel sie für einen Backvorgang brauchte.

Es soll Leute geben, die am Geschmack des Brotes erkennen, ob im Backofen Buchenscheite oder fichtene Backprügel verbrannt wurden. Jedenfalls ist das Brennholz durchaus ein ausschlagebender Faktor beim Backen im Holzbackofen. Grundvoraussetzung ist, dass das Holz gut abgelagert und trocken ist, damit sich im Backofengewölbe kein Glanzruß bildet.

Will man sich heutzutage nicht die Mühe machen, seine Backprügel selbst herzustellen, kann man auch in Schreinereien nach Abfallholz fragen. Das hat zudem den Vorteil, dass man wirklich trockenes Holz bekommt. Es muss allerdings sehr sorgfältig verlesen sein. Leimholz, beschichtete und behandelte Teile haben nichts im Backofen verloren.

Hackschnitzel, das sind klein geschredderte Holzteile, kann man in den meisten Backöfen verwenden, wenn sie gut durchgetrocknet sind. Das gilt übrigens auch für alle Heizmaterialien, ob Backprügel, Scheiterholz, Reisig, Hackschnitzel oder Abfallholz. Es ist selbstverständlich, mindestens ein Jahr abgelagertes und trockenes Material zu verwenden; zum einen wegen der Rauchbelästigung der Nachbarn, zum anderen generell aus Umweltschutzgründen, damit der Ausstoß schädlicher Rauchgase möglichst gering gehalten wird.

Und nun: Gut Holz – gut Brot!

Schieber, Kratzer, Hudelwisch

Brotschieber

Als Goldmarie, so heißt es im Märchen von Frau Holle, die Brote im Backofen rufen hörte, so „trat es herzu und holte mit dem Brotschieber alles nacheinander heraus.“ Der Brotschieber ist das wichtigste Gerät am Backofen. Er hat auch andere Namen wie Brotschießer, Einschießdeckel, Schüffel, Schüssel oder Schießschüssel, und ist ein Holzbrett, das mit einem Stiel versehen ist. Mit ihm werden die ungebackenen Laibe in den Ofen geschoben und die fertigen Laibe wieder herausgeholt. Die vordere Kante des Brettes ist abgeflacht. So lässt sich das noch nicht gebackene Brot behutsamer auf dem Ofentisch absetzen; beim Herausholen kann man, wenn man den Schieber hinten etwas anhebt, gut unter die fertigen Laibe gelangen und sie aus dem Ofen ziehen.

Die Länge des Stiels richtet sich wie bei allen anderen Geräten nach der Tiefe des Ofens. Wo runde Laibe geba-

Mit dem Hudelwisch wird die restliche Asche vom Ofentisch entfernt.

cken wurden, hatte das Brett eine runde Form; in Landschaften, in denen langes Brot bevorzugt wurde, sah der Brotschieber einem Ruder ähnlich; oder das Holzbrett war oval.

Wenn auch nach vielen Jahren des Gebrauchs der Schieber immer kleiner wurde, trennte man sich meist nur ungern von dem vertrauten Gerät.

Ofenkrücke

Sie braucht man, um die glimmende Glut und die Asche aus dem Ofen zu holen oder in einer Ecke des Ofentischs zusammenzuschieben und erst nach dem Backen herauszuholen. Die Krücke oder der Kratzer besteht aus einem etwa 20 cm langen, senkrecht stehenden Brettchen, das oben meist abgerundet und an einem langen Stiel angebracht ist. Krücken aus Holz müssen während des Ausräumens immer wieder in den Wassereimer getaucht werden, damit sie nicht selbst glosen oder Feuer fangen. Bei den neueren Krücken aus Eisen ist das nicht mehr nötig; sie haben allerdings den Nachteil, dass sie leicht den Ofentisch zerkratzen.

Wischer

Ein großer Lappen oder Sack, an einem langen Stiel befestigt, wurde in Wasser getaucht und dann kräftig auf dem Ofentisch hin- und herbewegt. Findige Leute befestigten den Lappen an einer Kette und diese an einem Stiel, oder sie wickelten den Lappen um eine Kette. Dann ließ sich der Wischer, auch Hudelwisch genannt, besser schwingen. Andere benutzten zum Reinigen des Ofens ein Bündel Stroh, das um eine Stange schön fest herumgedreht und gleichfalls vorher nass gemacht wurde, oder einen Reisigbesen. Auch Tannenwedel fegen gut. Oder man machte einfach einen Lappen nass, wickelte ihn um die Ofenkrücke und reinigte so den Ofentisch.

Brotbacken heute

Große Elektrobacköfen

Seit den 50er-Jahren des letzten Jahrhunderts wurden unsere Haushalte mehr und mehr technisiert und elektrifiziert. Holz- und Kohleherde verschwanden nach und nach aus den Küchen, und Elektroherde hielten Einzug. Genauso erging es den Holzbacköfen. Wer in den Jahren 1950–1960 eine ländlich-hauswirtschaftliche Fachschule besuchte, wird sich noch gut daran erinnern, wie gerade Fachkreise dafür plädierten, doch die Holzbacköfen und Backhäuser zu Gunsten eines elektrisch beheizten Ofens stillzulegen. Von den vielen Spezialfirmen wurden ein- und zweistöckige Brotbacköfen hergestellt und in den Handel gebracht. Das Fassungsvermögen dieser Herde betrug meist 6 bis 10 Laibe von etwa 2 kg Gewicht. Das Brot wurde freigeschoben, also direkt auf die elektrisch beheizten Schamotteplaten gebracht.

Auch eine Möglichkeit: ein Steinofen, der mit Strom betrieben wird.

Technik und Material der Öfen wurden seitdem ständig weiterentwickelt. Die Auswahl an elektrischen Brotbacköfen für den privaten Haushalt ist mittlerweile sehr groß. Es werden Öfen in den verschiedensten Ausführungen und Größen angeboten. Die Temperatur kann heute stufenlos, nach Wunsch computergesteuert und bei großen Öfen etagenweise geregelt werden.

Wo viel gebacken wird, sind die Vorteile eines Brotbackofens bis zum heutigen Tag nicht von der Hand zu weisen. Einmal sind es arbeitswirtschaftliche Gründe, die für die Anschaffung sprechen. Die heutigen Brotbacköfen sind zudem sparsam im Energieverbrauch, da sie nur kurz aufgeheizt werden müssen und zum Durchbacken die Speicherwärme nutzen. Dieses Verfahren ermöglicht Backergebnisse, die dem des Holzbackofens nahekommen.

Moderne Holzbacköfen und Backhäuschen

Wer das Ursprüngliche schätzt und sein Brot gern mit Holzfeuer backt, ist glücklich zu schätzen, wenn er einen Holzbackofen oder ein Backhäuschen selbst besitzt oder benützen kann. Ist das nicht der Fall, kann er seinen Wunsch verwirklichen, indem er einen neuen Holzbackofen fertig kauft oder als Bausatz bestellt. Dabei hat er die Wahl unter einer großen Anzahl verschiedener Modelle, von denen hier einige Merkmale beschrieben werden sollen.

Moderne Holzbacköfen können direkt beheizt sein, das heißt, es wird wie in den alten Holzbacköfen im gleichen Raum geheizt und gebacken. Sie haben meist einen integrierten Aschekasten, in den vor dem Einschießen Glut und Asche mit einer Metallkrücke gefahrlos gestreift werden können.

Leichter zu bedienen sind jene Öfen, in denen Heiz- und Backraum getrennt sind. Gefeuert wird in einem separaten Raum unter dem Ofentisch, die Glut muss vor dem Backen nicht ausgeräumt werden. Die Öfen können je nach Modell in 30 Minuten bis zwei Stunden – also wesentlich schneller als alte Holzbacköfen – auf eine Temperatur von rund 400 Grad gebracht werden. Die starke Hitze ist nötig, damit der Ofen genügend Wärme speichern kann, die er während des Backvorgangs allmählich an das Backgut abgibt. Es werden Öfen mit einer oder zwei Backebenen angeboten. Bei manchen Modellen lässt sich die Mittelplatte entfernen, damit Spanferkel oder andere große Stücke gegart werden können.

Der spezielle Aufbau der Schamotteplatten mit dazwischen liegender Luftpolsterung lässt die Hitze gedämpft auf das Backgut wirken. Bei einigen Öfen kommt der Rauch selbst nicht mit dem Backgut in Berührung, sondern zieht durch Rauchgaskanäle auf beiden Seiten des Backraums nach oben. Durch eine Rauchgasklappe am Kamin kann man die Temperatur steuern. Der beim Brotbacken entstehende Dampf entweicht durch den Dampfabzug. Bei den indirekt beheizten Öfen bleibt die Asche während des Backens im Ofen und wird erst nach ihrem Erkalten entfernt.

Der Fachhandel bietet eine Vielzahl verschiedener Modelle an. Auch im Wohnbereich ist ein Einbau möglich.

Wer einen individuell gestalteten Ofen haben möchte, kann mit etwas handwerklichem Geschick einen Ofen nach persönlichem Geschmack bauen.

Der „heiße Kern“, der eigentliche Ofen, wird geliefert. Die äußere Gestaltung richtet sich dann nach den eigenen Wünschen und Vorstellungen. Einbaumodelle, mit und ohne Untergestell, können ins Haus integriert oder zu einem Backhäuschen im Freien ausgebaut werden. Mit welchen Steinen der Ofen ummauert wird, steht jedem frei. Manche Hersteller liefern auf Wunsch zum Ofen auch das passende Dach als Bausatz mit. Genaue Bauanleitungen helfen beim Aufbau. Treten Fragen auf, stehen Fachleute zur Verfügung.

Oft sind die neuen Öfen transportabel, also an keinen festen Platz gebunden. Unter den kleineren Öfen sind die zweirädrigen Modelle praktisch, bei denen an der Stirnseite zwei Stangen ausgezogen werden können, mit deren Hilfe der Ofen sich wie ein Schubkarren bewegen lässt.

Steht der Ofen im Freien, so genügt ein etwa 2 m langes Rauchrohr. In engen Wohnanlagen ist es selbstverständlich, dass man beim Aufstellen auf die Nachbarn Rücksicht nimmt und darauf achtet, wo die Hauptwindrichtung liegt. Die Hersteller versichern allerdings, dass die Öfen nur beim Aufheizen Rauch entwickeln und, nachdem etwa 300 Grad erreicht sind, alle Rückstände verbrennen und nur noch flimmernde Hitze sichtbar ist.

Soll der Ofen in einem geschlossenen Raum stehen, ist ein geeigneter Kaminanschluss erforderlich. Es gelten dabei die gleichen Vorschriften wie beim Bau eines offenen Kamins. Grundsätzlich ist zu empfehlen, vor dem Aufbau den Standort und die sonstigen Gegebenheiten mit einem Fachmann und dem zuständigen Schornsteinfeger abzuklären.

Die Bedienung der Öfen ist einfach. Befeuert werden sie mit abgelagertem Holz aller Art. Für das erste Aufheizen werden etwa 3–6 kg Holz benötigt. Mit einmaligem Aufheizen ist es dann möglich, Schwarzbrot und anschließend Kuchen und Feingebäck zu backen.

Außer Brot, Kuchen, Blootz und Pizza können im modernen Holzbackofen auch Spanferkel, Brathähnchen, Aufläufe, Pasteten und dergleichen gegart werden. Nach dem nächsten Aufheizen ist der Ofen wieder geschmacksneutral.

Hilfreich ist ein Innenthermometer, auf dem die Backraumtemperatur abgelesen werden kann. Eine Zeituhr gehört bei vielen Modellen zur Ausstattung wie die Innenbeleuchtung, die wie der auf Wunsch eingebaute Ventilator mit 12 Volt Spannung betrieben wird. Für Feuerraum und Backraum werden Ofentüren mit Sichtfenstern angeboten.

Im einschlägigen Handel ist außerdem sämtliches Zubehör erhältlich, das rund um das Backen zum Einsatz kommen kann, wie Brotschieber, Teigknetmaschinen, Getreidemühlen, Dörrgarnituren und vieles mehr. Bezugsquellen finden sich im Anhang.

Mit etwas Geschick kann man diesen Backofen selbst bauen.

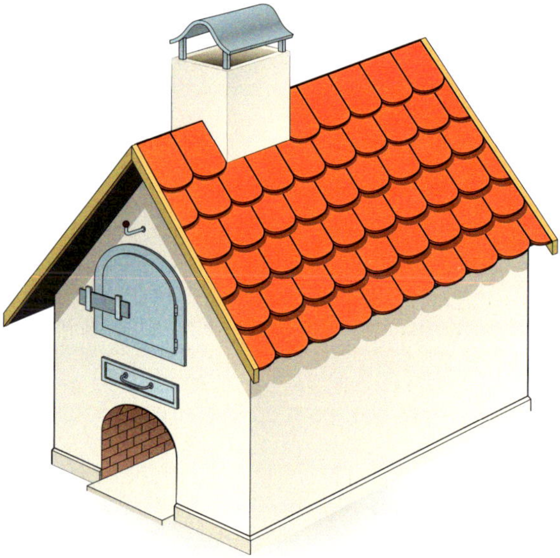

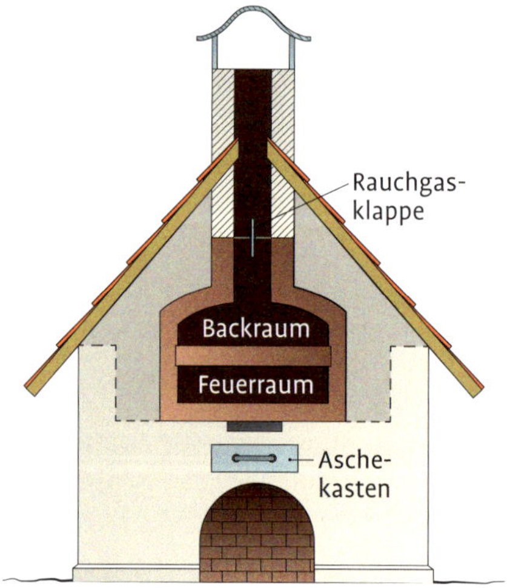

Vorderansicht im Querschnitt.

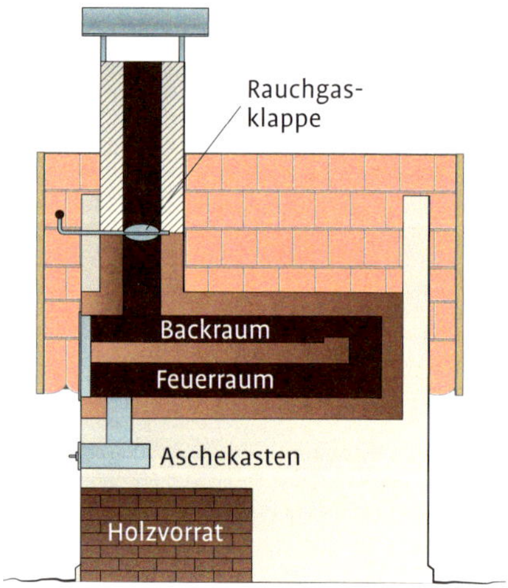

Seitenansicht im Querschnitt.

Modernes Backhäuschen. Den Backofen baut der Ofensetzer, das Haus kann selbst errichtet werden. Die Querschnitte zeigen: Feuerstelle und Backraum sind getrennt.

Rechtliche Bestimmungen

Der Bau eines gemauerten Backhauses bedarf der Genehmigung. Bauwillige sollten sich mit dem Baurechtsamt und dem Schornsteinfeger in Verbindung setzen. Die Verordnungen sind auf Landesebene geregelt. Es folgen als Beispiel einige Bestimmungen aus den Vorschriften für Baden-Württemberg, die in der derzeit gültigen „Württembergischen Feuerungsverordnung“ von 1931 und 1995 enthalten sind.

- Für Feuerstätten im Freien sind bestimmte Abstände zu anderen Gebäuden festgelegt.
- Bauliche Anlagen von Feuerstätten müssen von Wäldern, Mooren und Heiden mind. 30 m entfernt sein.
- Abgase von Feuerstätten mit festen Brennstoffen müssen in Schornsteine eingeleitet werden.
- Beim Bau von Öfen innerhalb des Hauses sind Vorschriften über die Beschaffenheit des Baugrunds, die Baustoffe sowie Abstände zu Mauerwerk und Raumdecke zu beachten. Ebenso ist für den Ofenmund ein bestimmter Abstand zu Seitenwänden und Decke vorgeschrieben.
- Jeder Backofen ist an einen eigenen Schornstein anzuschließen mit einem Mindestquerschnitt von 20/20 cm oder 20 cm Durchmesser.
- Die Mündung des Schornsteins muss den First um mindestens 40 cm überragen oder von der Dachfläche mindestens 1 m entfernt sein. Bei brennbaren Dacheindeckungen gelten Sonderregelungen.
- Die Schornsteine unterliegen den allgemeinen Reinigungsvorschriften durch den Schornsteinfeger.

Ein Backhaus wird versetzt

Eine weitere Möglichkeit, zu einem Holzbackofen zu kommen, ist die, ein schon bestehendes altes Backhaus umzusetzen. Zunächst regt sich innerer Widerstand gegen solch ein Unterfangen. Darf man Gebäude aus ihrem baulichen Zusammenhang reißen, in einer anderen Umgebung wieder aufbauen und am alten Standort eine Lücke hinterlassen? Sicher nicht, wenn das Gebäude am alten Ort eine Zukunft hat. Doch schaut man sich auf dem Land um, finden sich immer wieder Beispiele, dass gerade Backhäuser vielfach ein unbeachtetes Dasein fristen und langsam verfallen. Ein solches Haus abzutragen, an einem anderen Platz aufzubauen und wieder seinem ursprünglichen Zweck zuzuführen, ist sicher sinnvoller, als es vollends zu Grunde gehen zu lassen. Von solch einer Translozierung soll im Folgenden berichtet werden.

Wie es das Schicksal vieler alter Backhäuser ist, stand auch das Häuschen, von dem hier erzählt werden soll, lange Jahre unbenutzt auf einem Bauernhof am Rande des Schwäbischen Waldes. Backen konnte man schon lange nicht mehr darin, und Wind und Wetter setzten ihm immer mehr zu. Hin und wieder kamen Interessenten zu seiner Besitzerin, die die behauenen Sandsteine, aus denen es gebaut war, gern für ihre Terrasse und Gartenanlage verwendet hätten. Doch die alte Dame konnte sich nicht entschließen, das Backhäuschen, mit dem sie viele Erinnerungen verband, für diesen Zweck herzugeben.

Noch ruht das alte Backhaus im Dornröschenschlaf.

Etwa 20 km entfernt wünschten sich zwei Frauen, die Autorinnen dieses Büchleins, einen Holzbackofen. Sie wollten gern auf diese Weise ihr Brot backen und suchten schon lange nach einem Backhaus. Da sie im alten Dorfkern wohnten, kam kein neuer, moderner Ofen in Betracht. Sie machten sich also auf die Suche nach einem Backhäuschen, das wie die Gebäude des nahen Hohenloher Freilandmuseums an seinem ursprünglichen Standort vom Verfall bedroht war oder weichen musste und nun einen neuen Platz bekommen sollte. Um sicherzugehen, dass solche eine Translozierung überhaupt statthaft ist, wurde beim zuständigen Baurechtsamt angefragt, und die Antwort war, dass die Genehmigung keine Probleme mache, aber sicher das Ausfindigmachen eines solchen Objekts.

Doch wider Erwarten wurden sie bald fündig: Eine gemeinsame Freundin lebte in dem Dorf, in dem das alte Backhaus stand. Sie erzählte der Besitzerin von dem Vorhaben der beiden, und diese fand Gefallen an dem Gedanken, dass ihr Backhaus noch einmal zu neuem Leben erweckt werden sollte. Bald war man handelseinig, und die Umsetzung konnte beginnen. Zum Glück gab es willige und kompetente Helfer, die beim Abbau und Wiederaufbau Hand anlegten. Als Erstes wurden Fotos und Zeichnungen des Häuschens angefertigt. Dann nummerierte man nach einem bestimmten System die Sandsteine, aus denen das Haus gemauert war: Jede Hausseite bekam eine römische Ziffer, die auf jedem Stein zusammen mit einer Nummer vermerkt war. So hatte man es später beim Wiederaufbau leichter.

Der eigentliche Abbau ging dann so vor sich: Dach abdecken und die heilen Ziegel auf Paletten setzen, den alten eisernen Dachstuhl entfernen, Stein um Stein des Hauses abtragen (die großen mithilfe des Frontladers), geordnet auf Paletten setzen; den Backofen selbst abbauen, Steine sortieren, von Mörtel befreien und aufladen. Am Schluss den Schutt wegbringen, das Gelände einebnen und Gras einsäen ...

Unnötig zu erwähnen die vielen Fuhren mit Traktor und Anhänger, die schmerzenden Rücken und die unzähligen Flaschen Mineralwasser – denn es war die heißeste Woche des Sommers, in der die Hauptarbeit getan wurde.

Am neuen Standort war schon das Fundament vorbereitet, eine betonierte Platte in der Größe des Häuschens. Doch bevor das Haus wieder aufgebaut wurde, kam der Ofensetzer und setzte den Ofen darauf. Diese Reihenfolge, die den Laien zunächst befremdet, erleichtert die Arbeit, da man so nicht durch das umgebende Haus beengt wird. Der Ofensetzer mauerte das Fundament für den Ofentisch, setzte dann diesen selbst und belegte ihn mit Schamotteplatten. Die alten Ofensteine waren im Laufe der Zeit mürb und brüchig geworden. Sie konnte der Ofensetzer noch teilweise für den Trempel verwenden, den Mauerkranz, auf dem das Gewölbe aufliegt. Für das Gewölbe selbst benützte er neue Steine. Eine hölzerne Schablone erleichterte das Mauern der Rundung. Der Kamin, ebenfalls aus neuen Kaminsteinen aufgebaut, bekam seinen neuen Platz seitlich hinter dem Ofenmund. Die Züge wurden über dem Ge-

Am neuen Platz ist das Haus höher geworden, weil die unterste Steinreihe nicht mehr in der Erde, sondern auf dem Betonsockel liegt.

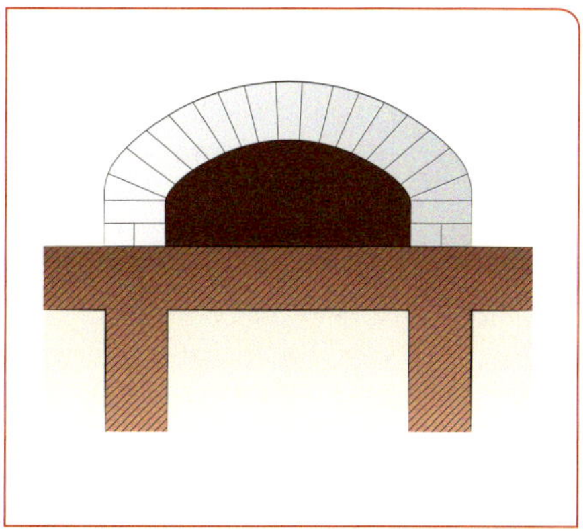

Der Mauerkranz oder Trempel trägt das Gewölbe.

wölbe gemauert. Innerhalb von zwei Tagen stand der neue Ofen, der mit seinem tonnenförmigen Gewölbe und dem hoch aufragenden Kamin eher an ein orientalisches Bauwerk erinnerte und in der ländlichen Umgebung etwas bizarr wirkte. Nun konnte der Hausbau beginnen.

Vier Steinhaufen umgaben den Ofen – für jede Hausseite einer. Stein um Stein wurde herausgesucht, begutachtet, ausgerichtet und gesetzt. Die Pläne wurden zu Rate gezogen, die Fotos studiert. Das alles dauerte seine Zeit.

Im Herbst wurde Richtfest gefeiert und dann das Dach mit alten Biberschwanzziegeln eingedeckt, die beim Umdecken eines Nachbarhauses zurückgeblieben waren. Über dem Gewölbe wurde zur Wärmedämmung Sand aufgeschüttet. Der Vorraum musste innen verputzt und eine neue Eingangstür gezimmert werden. Das Eisenblech, mit dem der Ofen früher verschlossen wurde, war durchgerostet. Es wurde durch ein geschmiedetes Türchen ersetzt, das ein Nachbar, ein Kunstschlosser, austüftelte und nach Maß fertigte. Ein großer blecherner Kasten mit Rollen und Handgriffen kam als Aschebehälter unter das Aschenloch.

Anfang Januar war es dann so weit: Es konnte eingeschossen werden! Mit dem Mut des Unerfahrenen, was das Backen mit Holzfeuer angeht, wurde Feuer gemacht, der Teig für sechs Laibe bereitet, die Glut ausgeräumt, eingeschossen und ... nach einer Stunde wurden sechs wunderschöne Laibe Brot herausgezogen, die auch noch gut schmeckten.

Dieser Mut, inzwischen durch viele Erfahrungen gestärkt, hat die Bäckerinnen bis heute nicht verlassen. Jede Woche wird seither gebacken, für die eigenen Familien und für Freunde, Bekannte und Nachbarn.

Einfache Backöfen – selbst gebaut

Durch Erzählungen von Krieg, Gefangenschaft und anderen schweren Zeiten wissen wir, wie lebenswichtig es sein kann, dass man sich in Notsituationen zu helfen weiß. Damals fügten die Menschen, wie einst unsere frühgeschichtlichen Vorfahren Steine und Lehm zu einfachen Backöfen zusammen, zerrieben Getreide zu Mehl, bereiteten eine Art Teig, formten Fladen daraus und backten sie im erhitzten Ofen aus.

Wenn auch heute glücklicherweise keine Not herrscht, die uns zwingt, auf diese Weise unseren Hunger zu stillen, ist es doch besonders für Kinder und Jugendliche ein schönes und wichtiges Erlebnis, solches Brot zu backen. Im Ferienlager oder auf heimischem Gelände können sie beim gemeinschaftlichen Bauen des Ofens, beim Teigbereiten, Feuermachen und Backen grundlegende Erfahrungen sammeln. Mit einfachen Mitteln Sinnvolles zu schaffen, ist davon wohl die wichtigste.

Es folgen Anregungen für zwei Öfen, in denen natürlich auch „richtiges“ Brot gebacken werden kann, wie wir es heute kennen. Der erste Ofen ist ganz einfach und sicher von nicht allzu langer Lebensdauer. Der zweite Ofen kann seine Erbauer, wenn sie beim Bau sorgfältig vorgehen, länger erfreuen.

Einfacher Erdbackofen

Ein geeigneter Standort für diesen Ofen ist eine Böschung oder ein leichter Hang, am besten in der Nähe eines Flusses oder Bachs. Hier findet man die Steine und die Erde, die für den Bau nötig sind. Zunächst wird als Plattform für den Ofen eine kleine ebene Fläche abgegraben; davor, etwas tiefer gelegen, eine zweite Fläche, um darauf zu stehen. Erde und Grassoden legt man zur Seite; sie werden teilweise am Schluss wieder verwendet.

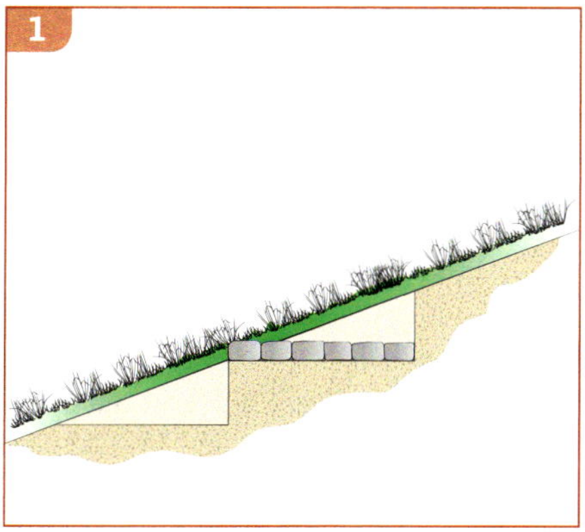

Einfacher Erdbackofen: Zwei Terrassen werden ausgehoben.

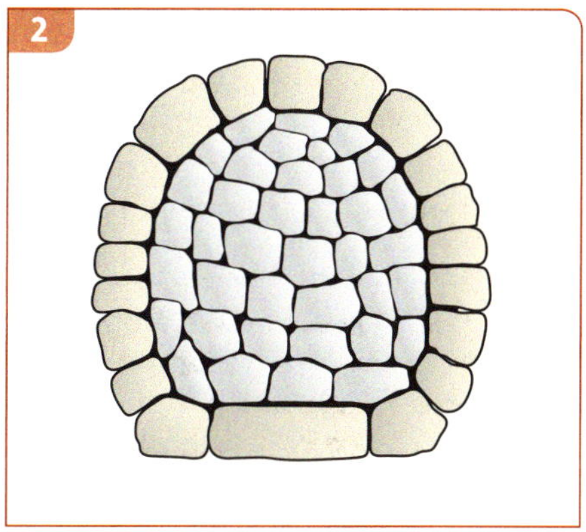

Der Ofentisch wird von einem Mauerkranz umgeben (Ansicht von oben).

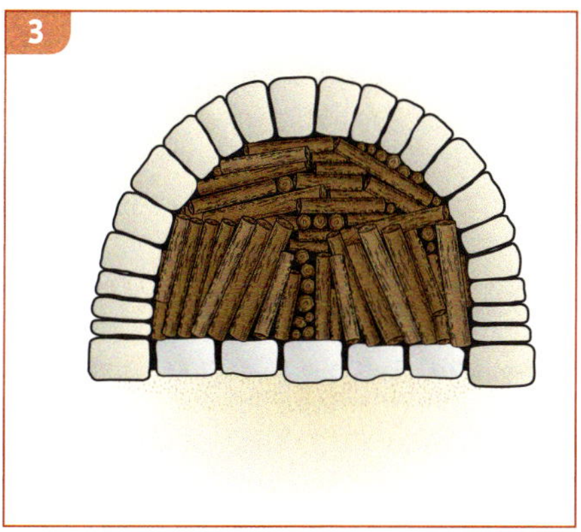

Aufgeschichtetes Holz hilft beim Bau des Gewölbes (Ansicht von vorne).

Querschnitt durch den fertig gebauten Ofen von der Seite.

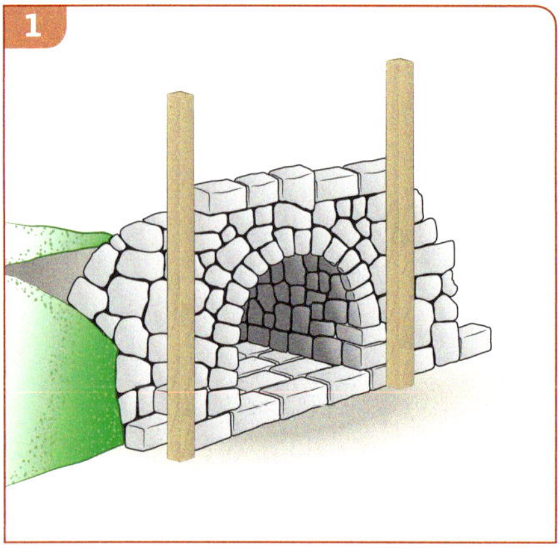

So entsteht ein Lehmbackofen. Hier der gemauerte Sockel des Backofens.

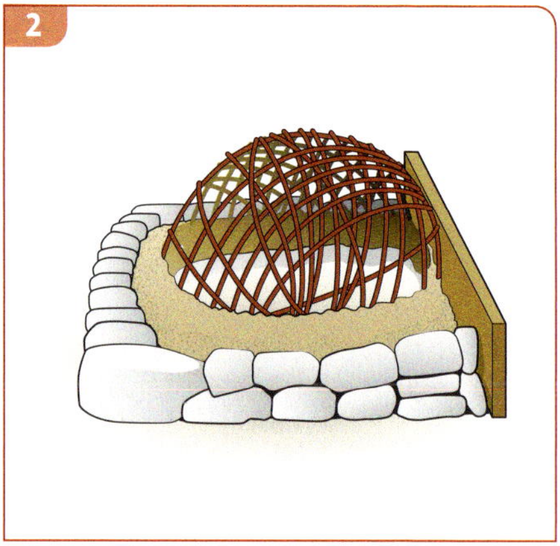

Aus Zweigen wird die Ofenwölbung geformt.

Auf der oberen „Terrasse" wird nun die Grundplatte gesetzt. Dazu nimmt man die größten und glattesten Steine, die man finden kann, und legt sie, am besten in einem Sandbett, zu einer möglichst ebenen Fläche aus.

Es folgt ein Mauerkranz aus sorgfältig ausgesuchten Steinen. Sie werden in Ton oder Lehm gesetzt, den man mit Stroh oder trockenem Gras vermischt hat. Das Mäuerchen soll etwa 30 cm breit und 20–25 cm hoch sein. Ist es fertig, so füllt man hinter ihm und seitlich wieder Erde auf, damit es einen guten Halt bekommt.

Um das Setzen des Gewölbes zu erleichtern, baut man nun auf der Grundplatte einen Holzstoß auf. Das Holz muss gut getrocknet sein, da es nach Fertigstellung des Gewölbes verbrannt wird. In die Mitte des „Meilers" legt man zum Anzünden fachmännisch Papier und Späne ein.

Nun wird das Gewölbe gesetzt. Hier geht man so vor, wie früher die steinernen Bogenbrücken konstruiert wurden: Die kleineren und schwächeren Steine kommen an den Beginn und das Ende der Wölbung, während für den ausladenden Mittelteil die größten Stücke genommen werden. Die letzten Steine an der höchsten Stelle der Kuppel werden so verkeilt, dass sie das Ganze zusammenhalten und der Druck sich nach den Seiten verteilen kann. Gut mit Lehm-Heugemisch verbinden. Zum Schluss wird ausgehobene Erde gut um den Ofen gestampft und mit Grassoden bedeckt. Der Ofen sollte einen Tag trocknen. Anschließend brennt man das Holz im Innern ab und kann nun mit dem Backen beginnen.

Lehmbackofen

Dieses Modell hat ein gemauertes Fundament, auf dem der eigentliche Ofen aufgebaut wird. Dieser selbst besteht aus einem Gewölbe von Weidenruten, das mit Lehm verschmiert wird. Der Vorteil der Konstruktion liegt in der

3

Die Zweige werden mit Lehm verschmiert.

4

Der Ofen ist fertig.

5

Zum Schutz vor Regen erhält der Ofen ein Dach.

angenehmen Arbeitshöhe beim Backen und in der guten Isolierung des Ofentischs von unten.

Am gewählten Ort, wieder an einer Böschung, hebt man eine Fläche von etwa 1,70 × 1,20 m aus. Hier errichtet man einen Sockel aus Feldsteinen, die mit Mörtel verbunden werden. Der Sockel, der etwa 90 cm hoch werden soll, kann als kompakter Block gesetzt oder, wie auf der Zeichnung zu sehen, mit einem Hohlraum versehen werden. Im zweiten Fall spart man Material und hat Stauraum für Holz oder anderes. Als Schablone für das Gewölbe dienen Holzprügel, die man auf den Boden schichtet.

Ist der Sockel fertig, wird seine Oberfläche, die später den Boden des Backofens bildet, mit einer Auflage aus Lehm, Ton oder Schamotte versehen und geglättet. Was das Material angeht, so ist es ideal, wenn man sich in einer Ziegelei Ton besorgen kann. Diesen sollte man 12 Stunden in Wasser einweichen, dann das Wasser abgießen und den Ton mit gemahlenem Schamotte, Sand und, kurz vor seiner Verwendung, mit Heu vermischen. Versuche haben gezeigt, dass die Stabilität durch die Zugabe von Salz erhöht werden kann. Welche Menge nötig ist, muss man selbst ausprobieren.

Die Oberfläche des Sockels wird also mit einer dicken Schicht Ton überzogen und geglättet. In diese zieht man außen ringsum einen kleinen Graben von etwa 10 cm Tiefe als „Fundament" für das Ofengewölbe. Der Graben wird mit Ton ausgefüllt und ein 10–15 cm hoher Wulst aufgeschichtet. Etwa 10 Haselnussruten werden in gleichmäßigen Abständen in die hintere Hälfte des Wulstes gesteckt. Sie müssen so lang sein, dass sie bis nach vorn reichen. Jetzt muss der Ton 3 bis 4 Tage trocknen.

Danach befestigt man für den zukünftigen Ofenmund mithilfe eines Brettes einen Haselnussbogen am vorderen Teil der Grundplatte. Die Ruten, die man dann von hinten nach vorn biegt, enden ebenfalls an diesem Bogen. Sie werden so lange mit weiteren Haselnuss- und Weidenruten durchflochten, bis ein dichter Käfig entstanden ist.

Dieser wird mit einem Gemisch aus Ton oder Lehm und Heu zunächst unten entlang und um den Ofenmund herum dick verkleistert. Dann gibt man den Ton auf das Skelett, bis man oben angekommen ist. Den Hals, den Bereich über dem Ofenmund, sollte man besonders stark ausführen, mindestens 20 cm dick. Das erhöht die Stabilität und dient der Hitzespeicherung. Innen sollte das Gewölbe 45–50 cm hoch sein. Eine alte Regel besagt, dass die Höhe des Ofenmundes 63 % der inneren Gewölbehöhe betragen soll. Da unser Ofen keine Zugöffnungen hat, ist es wichtig, diese Regel einzuhalten.

Nun ist es Zeit, den Ofen mit einem kleinen Dach vor der Witterung schützen. Der Ofen muss dann noch 10 bis 15 Tage trocknen, in denen immer wieder ein kleines Feuerchen angezündet wird. Er wird Sprünge und Risse in alle Richtungen bekommen, die man immer wieder mit nassem Ton breit verschmiert und abdichtet. Das Feuer wird jedes Mal ein bisschen größer, bis das größtmögliche Feuer entfacht wird und das Holzgerüst im Innern vollends verbrennt. Dann ist der Ofen fertig und bereit zum Brotbacken.

Das Backen

Getreide

Der wesentlichste Bestandteil unseres Brotes ist das Getreidemehl. Je nach Landschaft, Bodenbeschaffenheit und Klima werden bestimmte Getreidearten und Sorten bevorzugt. Schon immer ging man beim Anbau des Brotgetreides mit allergrößter Sorgfalt vor, und bis zum heutigen Tag – trotz moderner Hilfsmittel wie Mähdrescher und Traktoren – erfüllt es den Bauern mit Freude und Dankbarkeit, wenn er seine Getreideernte erfolgreich abgeschlossen hat. Das Getreide, wie wir es heute kennen, hat einen langen Entwicklungsweg hinter sich, dessen Anfänge bei den Wildgräsern liegen. Vor allem im Vorderen Orient wurde der Anbau von Getreide kultiviert und damit der Grundstock für den Siegeszug des Korns um die ganze Welt gelegt. Wenn wir heute Brot backen, verwenden wir hauptsächlich Weizen, Roggen und Dinkel.

Weizen

Er ist das wichtigste und wohl auch am meisten verwendete Getreide mit hohem Klebergehalt und guten Backeigenschaften. Beim Anbau ist er allerdings etwas anspruchsvoll. Er verlangt lehm- und humusreichen Boden. Weltweit werden wohl über 250 verschiedenwe Sorten angebaut. Innerhalb der Europäischen Union ist er in drei Gruppen eingeteilt:

A: Aufmischweizen – beste Backqualität
B: Normaler Backweizen
C: Futterweizen

Roggen

Er steht an zweiter Stelle und wird überwiegend zur Brotherstellung verwendet. Die Ähren sind körnerreich und von dunkler Farbe. Er ist reich an B-Vitaminen und Mineralstoffen. Roggen hat nur einen sehr geringen Klebergehalt, er braucht deshalb für die Gärung Säure. Deshalb wird Roggenbrot mit Sauerteig hergestellt.

Dinkel

Er wird auch Schwaben- oder Alemannenkorn genannt. Dinkel hat einen hohen Klebergehalt, daher lässt sich aus ihm hervorragend Brot backen. Bei Hildegard von Bingen können wir über seine heilende Wirkung lesen. Dinkel erfreut sich wieder wachsender Beliebtheit.

Aufbau eines Getreidekorns

Alle Getreidesorten enthalten vielerlei Vitamine, vor allem A, B, D und E. Im Zentrum des Kornlebens, dem Keimling, sind außer Vitaminen der B-Gruppe wertvolle Eiweißstoffe, Spurenelemente und Mineralstoffe enthalten. Der Mehlkörper enthält viel Stärke und das für den Backvorgang wichtige Klebereiweiß. In der Samenschale befinden sich vor allem Zellulose, Mineralstoffe und etwas Eiweiß. In der Fruchtschale, aus der beim Mahlvorgang Kleie entsteht, sind wichtige Bausteine wie Faser- oder Ballaststoffe, Mineralstoffe und Spurenelemente enthalten. Die Fruchtschale ist wichtig für den menschlichen Stoffwechsel und hat einen hohen Sättigungswert.

Warum ist der Klebergehalt so wichtig? Kleber ist ein säurelösliches Eiweiß. Sein Anteil im Mehl ist entscheidend für die Gärung (das Gehen), die Elastizität und die Bindefähigkeit des Teiges. Er entscheidet letztlich auch über die Lagerfähigkeit und Bekömmlichkeit unserer Backprodukte. Man könnte ihn als Gerüst des Teiges bezeichnen. Der Gehalt an Klebereiweiß ist abhängig von Sorte, Anbaulage und Klima.

Ballaststoffe

Ballast – das klingt nach überflüssig und wertlos. Wer schleppt schon gern unnötigen Ballast mit sich herum? Also weg damit.

Nicht so in unserer Nahrung. Täglich mindestens 30 g Ballaststoffe, auch Pflanzen- oder Faserstoffe genannt, sollte uns unsere Nahrung liefern. Im Durchschnitt werden jedoch nur 20 g aufgenommen.

Getreideerzeugnisse sind besonders wertvolle Lieferanten von Ballaststoffen. Sie sind in ihrer verdauungsfördernden Wirkung jenen in Obst und Gemüse weit überlegen. Durch Brot und Brötchen kann man die Aufnahme von Ballaststoffen schon mit realistischen Portionen erhöhen, während Obst und Gemüse in Mengen verzehrt werden müsste, die kaum bewältigt werden könnten.

Man unterscheidet lösliche und unlösliche Ballaststoffe. Beide Arten sind wichtig, da sie in unserem Körper unterschiedlich wirken. Die unlöslichen machen sich vorwiegend im Darm nützlich und sind für eine gesunde Darmtätigkeit unentbehrlich. Die Gruppe der löslichen Ballaststoffe wirkt vor allem auf den Stoffwechsel ein, beugt Arterienverkalkung und Herzinfarkt vor, senkt die Blutfettwerte und unterstützt die Cholesterinausscheidung.

Die verschiedenen Brotsorten weisen unterschiedliche Mengen an Ballaststoffen auf, beispielsweise

100 g Weizenmischbrot	4,8 g
100 g Roggenmischbrot	6,0 g
100 g Dinkelvollkornbrot	9,9 g
100 g Toastbrot	3,8 g

Zum Vergleich: 100 g Streuselkuchen enthalten 0,7 g Ballaststoffe.

Mehlarten und ihre Verwendung

Je nach Ausmahlungsgrad wird das Mehl in Typen unterteilt. Grundsätzlich gilt: Je höher die Typenzahl, desto mehr wertvolle Inhaltsstoffe enthält das Mehl und desto dunkler ist es. Die Zahlen, die in komplizierten Verbrennungsverfahren errechnet wurden, reichen von 405 bis 1800 und geben den Mineralstoffgehalt in Milligramm pro 100 g Mehl an. Die niedrigste Zahl, 405, enthält also nur 405 mg Mineralstoffe auf 100 g; der Typ 1800 hat den höchsten Anteil an wertvollen mineralstoffhaltigen Randschichten, Vitaminen und Ballaststoffen.

Weizen

Type 405 Dieses Auszugsmehl ist das feinste und weißeste Weizenmehl mit dem geringsten Anteil an Mineral- und Geschmacksstoffen. Es besteht vorwiegend aus Stärke und hat durch den hohen Kohlehydratgehalt fast ausschließlich sättigende Wirkung. Da es keines der wertvollen Keimöle mehr enthält, kann es auch nicht ranzig werden und ist daher von allen Mehltypen am längsten haltbar. Es ist geeignet für Kleingebäck, Kuchen und das Binden von Soßen.
Type 1050 wird am meisten zum Brotbacken verwendet. Es ist dunkler als Type 405, schmeckt kräftig und enthält bereits einen beachtlichen Anteil an Vitaminen und Mineralstoffen. Auch sein Eiweißgehalt ist höher.
Type 1700 ist von hohem gesundheitlichen Wert, da dieses Mehl nahezu alle Inhaltsstoffe des Weizenkorns enthält. Es wird auch Vollmehl genannt und ist für alle Vollkornbackwaren geeignet. Sein Geschmack ist sehr kräftig.

Roggen

Type 1150 wird für das sogenannte Graubrot verwendet. Sein Nährwert ist nur mäßig.
Type 1370 ergibt dunkles und kräftiges Brot, das schon reicher an Vital- und Mineralstoffen ist.
Type 1800 ergibt ein kräftiges Vollkornbrot mit ausgeprägtem Geschmack und hohem gesundheitlichen Wert.

Weizenmehl ist am längsten haltbar.

Vollkorn

Das vermahlene ganze Korn hat keine Typenbezeichnung, da in ihm sämtliche Bestandteile (Mehlkörper, Schale, Keim) enthalten sind. Was die Begriffe angeht, so spricht man von Schrot, wenn das Getreide grob gemahlen wurde, und von Mehl, wenn es fein gemahlen wurde. Eine genaue Abgrenzung zwischen den beiden Bezeichnungen gibt es nicht.

Lagerung von Getreide und Mehl

Korn, solange es nicht gemahlen ist, lässt sich bei richtiger Lagerung sehr lange aufbewahren. Man spricht von einer Haltbarkeit von zwei Jahren und bezeichnet es deshalb auch als lebendige Konserve. Am besten bewahrt man es in Stoffbeuteln oder -säcken in einem trockenen, kühlen und luftigen Raum auf. Auch Holzkästen mit genügend Luftzufuhr eignen sich. Auf keinen Fall darf es feucht werden.

Mehl muss ebenfalls sorgfältig gelagert, jedoch im Gegensatz zu Getreide schon nach kurzer Zeit verarbeitet werden. Mehl soll nicht luftdicht verschlossen sein. Man bewahrt es am besten in einem kühlen und trockenen Raum in Papiertüten, Säcken oder Porzellangefäßen auf, die nur locker verschlossen sind.

Getreidemühlen

Wenn gemahlenes Korn über einen längeren Zeitraum gelagert wird, verflüchtigen sich seine licht- und sauerstoffempfindlichen Inhaltsstoffe, und die Keimöle werden ranzig. Deshalb soll es erst kurz vor der Zubereitung vermahlen werden.

Der Fachhandel bietet mittlerweile verschiedene Haushaltsgetreidemühlen an, die von Hand oder elektrisch betrieben werden. Für welche Antriebsart man sich entscheidet, ist eine Frage der Energie, nicht zuletzt der eigenen. Wer nur kleine Mengen Getreide für das morgendliche Müsli schrotet, kommt wohl mit einer Handmühle aus. Der Brotbäcker dagegen hat es leichter mit einem elektrisch betriebenen Mahlwerk, das rasch und schonend auch größere Mengen Getreide mahlt. Die Größe der Mühle richtet sich nach dem häuslichen Bedarf.

Was die Mahltechnik angeht, so unterscheidet man Scheiben- oder Kegelmahlwerke. Beim ersten vermahlen zwei horizontal oder auch vertikal angeordnete Scheiben das Korn, beim Kegelmahlwerk sind es zwei ineinander gesetzte Kegel. Das Werk kann aus Stein wie Lava oder Basalt, Keramik oder Stahl sein. Wo die Vor- und Nachteile der verschiedenen Techniken und Materialien liegen, lässt man sich am besten fachmännisch erklären. Beim Kauf sollte man außer auf das Mahlwerk auch auf die praktische Handhabung des Geräts achten, ebenso auf Belastbarkeit, Feineinstellung, Gewicht und gute Reinigungsmöglichkeit.

Getreidemühlen sind in verschiedenen Größen und Ausführungen im Handel erhältlich.

Mahlvorsätze für Küchenmaschinen sind preisgünstiger als komplette Mühlen. Wer sich für solch ein Gerät entscheidet, sollte vorher prüfen, ob der Motor der Küchenmaschine auch einen längeren Einsatz der Mühle verkraftet.

Lockerungsmittel

Wenn wir Mehl und Flüssigkeit zu einem Teig verrühren und diesen im Ofen ausbacken, entsteht ein für den menschlichen Körper unverdauliches Produkt. Wir benötigen also, um ein verdauliches, aromatisches und lockeres Brot zu bekommen, sogenannte Lockerungsmittel. Das kann Sauerteig, Hefe oder Backferment sein.

Sauerteig

Kräftiges, herzhaftes und aromatisches Brot entsteht, wenn wir Sauerteig zusetzen. Sauerteig ist sauer gewordener, also gegorener Teig. Die Legende erzählt, dass seine Erfindung in grauer Vorzeit dem Zufall zu verdanken ist, als Teig versehentlich sauer geworden war. Seitdem wird die Gärung bewusst herbeigeführt. Gibt man eine kleine Menge davon dem Brotteig bei, so wird dieser mit Bakterien geimpft, die den Teig zum Aufgehen bringen. Sauerteig gibt es fertig zu kaufen, als Extrakt in Pulverform oder flüssig. Bei regelmäßigem Brotbacken ist es jedoch aus finanziellen Gründen ratsam, ihn selbst herzustellen. Das ist nicht schwierig und muss nur für das erste

Backen geschehen, denn an allen folgenden Backtagen wird jeweils vom vorherigen Sauerteig eine kleine Menge abgenommen, die wiederum beim nächsten Backen zugesetzt wird. Sauerteig könnte also als „perpetuum mobile" bezeichnet werden.

Ansetzen eines Natursauerteigs

1. Stufe: 100 g Roggenmehl und 100 ml lauwarmes Wasser werden in einer Schüssel verrührt, zugedeckt und 24 Stunden an einem warmen Ort (etwa 30 Grad) gehen gelassen. Die im Teig enthaltenen Milchsäurebakterien vermehren sich.
2. Stufe: Noch einmal 100–200 g Roggenmehl und 100 ml lauwarmes Wasser dazugeben und verrühren. 24 Stunden bei 25 Grad Raumtemperatur gehen lassen. Essigsäure entsteht. Nun kann sich das Aroma entwickeln.
3. Stufe: Nun 200 g Roggenmehl und 200 ml lauwarmes Wasser dazugeben und wieder 24 Stunden gehen lassen. Jetzt gärt der Teig, und Säure- sowie Aromastoffe werden optimiert.

Wer ganz sicher gehen will, dass sein selbst angesetzter Sauerteig gelingt, gibt dem Ansatz in der 1. Stufe 50–100 g fertigen Sauerteig bei, beim Bäcker oder im Handel erhältlich.

Nach drei Tagen ist der Gärprozess abgeschlossen, und der Sauerteig kann zum Einsatz kommen: Die im Rezept angegebene Sauerteigmenge wird abgewogen und dem Mehl und den übrigen Zutaten beigegeben. Von dem Rest lässt man etwa zwei Hand voll übrig und gibt sie in ein Marmeladenglas mit Schraubdeckel. Er kann im kühlen Keller oder im Kühlschrank etwa eine Woche lang aufbewahrt werden. Die an-

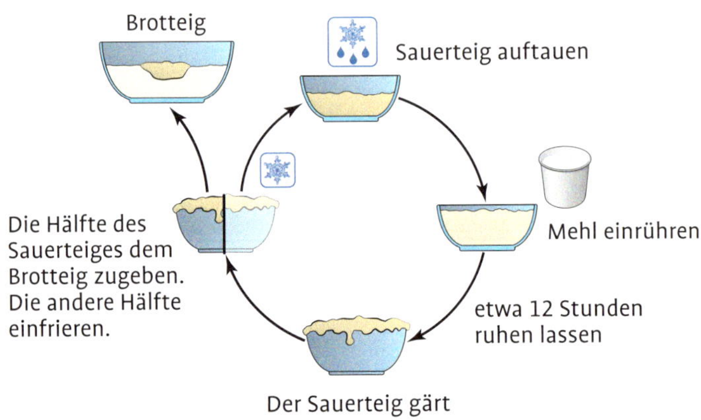

In diesem Kreislauf kann Sauerteig über lange Zeit vielmals verwendet werden.

dere Möglichkeit ist, ihn einzufrieren. In diesem Fall bewegt sich nichts mehr, der Sauerteig ruht. Erst durch Zugabe von Wärme, Flüssigkeit, Luft und etwas Roggenmehl wird er wieder aktiviert und läuft zur vollen Form auf. Auf diese Weise fortgeführt soll es Sauerteig geben, der schon hundert Jahre alt ist und durch regelmäßige Backtage von Generation zu Generation weitergegeben wurde.

Hefeteig

Hefepilze kommen wie Bakterien überall in der Natur vor. Ihre Eigenschaft, Gärprozesse in Gang zu bringen, macht man sich bei der Teigzubereitung zunutze. Damit die Hefepilze arbeiten können, brauchen sie Nahrung, Feuchtigkeit, Luft und Wärme. All das finden sie im richtig angesetzten Hefeteig. Nahrung holen sie sich aus der Getreidestärke, Feuchtigkeit wird durch die Flüssigkeit zugeführt, Luft kommt durch das Kneten in den Teig, und für die Wärme muss gesorgt werden. Für Hefepilze schädlich sind zu viel Wärme, zu viel Fett und Salz.

In der Brotbäckerei sind reine Hefebrote am einfachsten zuzubereiten und deshalb für die ersten Backversuche gut geeignet. Sie haben allerdings einen etwas einseitigen Geschmack und sollten deshalb mit Gewürzen oder anderen Zutaten angereichert werden.

Die Hefe muss frisch sein. Frische Hefe erkennt man an ihrer graugelblichen Farbe. Sie soll sich feucht anfühlen. Hat man nicht immer Gelegenheit, sich Frischhefe zu beschaffen, kann man auch auf Trockenhefe ausweichen, getrocknete frische Hefe, die in Packungen von 7 g oder 10 g im Handel ist. Diese Menge reicht für 500 g Mehl und entspricht etwa 25 g frischer Hefe. Trockenhefe ist teurer als frische Hefe, und manche Fabrikate enthalten Zusatzstoffe wie Emulgatoren. Vorteilhaft sind ihre lange Haltbarkeit und dass bei der Teigbereitung alle Zutaten miteinander vermischt werden können. Sie sollte innerhalb der auf der Packung angegebenen Zeitspanne verwendet werden, da sie danach stark an Triebkraft verliert. Für Brotteig wird eine besonders starke Trockenhefe angeboten, die man auch für Kuchen aus dunklem Mehl verwenden kann. Eine Packung enthält 20 g und reicht je nach Teig für 500 g bis 1 kg dunkles Mehl oder feinen Schrot.

Grundregeln für Hefeteig

Alle Zutaten sollen Raumtemperatur haben. Flüssigkeit, die zugegeben wird, soll 35 Grad warm sein. Es empfiehlt sich, die Hefe mit etwas Zucker weich zu rühren, bevor man sie an die anderen Zutaten gibt. Hefe darf nicht direkt mit Salz, Eiern oder Fett in Berührung kommen. Das Gären oder Gehen des Teiges würde dadurch gestoppt oder ganz verhindert. Stets zugedeckt gehen lassen und nur lauwarm gehen lassen. Zu schnelles Gehen macht den Teig großporig, langsames Gehen dagegen ergibt schönes, feinporiges Gebäck. Teig vor Zugluft schützen. Nach dem Ausformen das Gebäck nochmals gehen lassen. Stets in den vorgeheizten Backofen einschieben, Formen und Bleche gut einfetten.

Backen mit Backferment

Eine relativ neue Methode der Teiglockerung ist die Verwendung von Backferment. Dieses Ferment, das es in Reformhäusern und Bioläden als trockenes Granulat zu kaufen gibt, wird aus Getreide und Honig gewonnen und enthält weder Hefe noch Sauerteig. Fermentbrote sind sehr bekömmlich und sind deshalb Menschen zu empfehlen, die Brot mit anderen Triebmitteln nicht vertragen. Sie schmecken aromatisch und bleiben lange frisch. In der Zubereitung sind sie einfach und unempfindlich und nehmen – im Gegensatz zu Sauerteig – auch längere Unterbrechungen des Backvorgangs nicht übel. Die Teigführung mit Backferment ist ähnlich wie bei der Sauerteigzubereitung. Zunächst wird der Grundansatz, ein gärender Teig nach Art des Sauerteigs, zubereitet. Man kann ihn auch fertig kaufen.

Herstellung des Grundansatzes

1. Stufe:
20 g Backferment
220 ml warmes Wasser (40 Grad)
100 g Weizenschrot, mittelgrob
100 g Weizenvollkornmehl
Das Granulat wird im Wasser klümpchenfrei aufgelöst und mit dem Weizen zu einem weichen Teig verrührt. Diesen füllt man in ein hohes Gefäß, das gut verschlossen werden kann (Einmachglas oder Schraubglas mit 2–3 l Inhalt). Das Glas 15–24 Stunden an einen warmen Ort stellen. Die günstigste Temperatur für den Gärprozess liegt bei etwa 30 Grad, die Mindesttemperatur bei 20 Grad.

2. Stufe:
100 ml warmes Wasser (40 Grad)
150 g Weizenschrot, mittelgrob
150 g Weizenvollkornmehl
Die Zutaten mit dem Teig vermengen und wiederum gut verschlossen ins Warme stellen. Nach frühestens fünf, spätestens 24 Stunden muss der Teig sein Volumen verdreifacht haben. Er ist nun gebrauchsfertig. Wenn der Teig zusammenfällt oder sich später an der Oberfläche grau färbt, mindert das seine Qualität nicht. Im Kühlschrank lässt sich der Grundansatz mehrere Monate aufbewahren. Setzt sich Wasser ab, schüttet man es ab.

Für alle Fermentbrote benötigt man Grundansatz und Granulat. Dabei rechnet man für 1 kg Mehl oder Schrot 10 g Grundansatz, das ist ein gut gehäufter Teelöffel, und 3 g Granulat, was einem leicht gehäuften Teelöffel entspricht.

Am Nachmittag oder Abend vor dem Backen wird der Vorteig angesetzt. Dafür werden Grundansatz und Granulat in einem kleinen Teil des abgemessenen lauwarmen Wassers aufgelöst und mit etwa einem Drittel des Mehls vermischt. Der Vorteig muss nun gut zugedeckt werden und sollte mindestens 12 Stunden ruhen, verträgt aber auch eine längere Gehzeit.

Am nächsten Morgen wird der Vorteig mit dem restlichen Mehl, dem Wasser, das etwa 50 Grad warm sein soll, dem Salz und den weiteren Zutaten vermischt und wie Hefe- und Sauerteig weiterverarbeitet.

Kneten des Teiges

Ganz gleich, mit welchen Triebmitteln wir arbeiten, wichtig ist, dass der Teig gut durchgeknetet wird. Durch das Kneten wird das Getreideeiweiß fadenförmig durch die Teigmasse gezogen.

Damit der Teig warm ruht und seine Form behält, legt man ihn zum Gehen in ein Strohkörbchen, das mit einem Tuch ausgelegt ist.

Die Gärgase werden dadurch im Teig festgehalten, und er kann „gehen", das heißt er verdoppelt sein Volumen in der Schüssel. Dieser Vorgang, die „Teigruhe", dauert ungefähr 30 Minuten.

Wenn der Teig aufgegangen ist, wird er in den gewünschten Mengen abgewogen und portionsweise kräftig durchgewirkt, das heißt mit beiden Händen so lange bearbeitet, bis ein geschmeidiges Teigstück entsteht. Dieses legt man entweder in Kapselformen, die nur zu zwei Dritteln gefüllt werden dürfen, da sich beim zweiten Gehen das Volumen noch einmal vergrößert. Oder man gibt es in Brotkörbe oder Näpfe, die vorher mit einem Tüchlein ausgelegt und eingemehlt werden. Der Teigschluss, die faltige Seite des Teigballens, kommt dabei nach oben. Mit den Zipfeln des Tuches wird nun der Laib zugedeckt und nochmals etwa 30 Minuten gehen gelassen. Man spricht hier von der „Stückgare" oder vom Reifen des Teiges. Wenn der Backofen die richtige Temperatur hat, wird das Brot entweder in der Kastenform oder als frei- oder angeschobenes Brot eingeschossen, also in den Ofen geschoben.

„Freigeschoben" nennt man das Brot, wenn es ohne Backform einzeln gebacken wird und ringsum eine Kruste bildet. „Angeschoben" ist Brot, das sich an den Seiten berührt und dadurch einen geringeren Krustenanteil hat, zum Beispiel Kommissbrot.

Backgeräte

Ob im Holzbackofen, im Elektroherd oder im Gasherd gebacken wird, folgende Geräte sind auf jeden Fall nützlich:

Küchenmaschine

Sie nimmt uns das anstrengende und schweißtreibende Teigkneten unserer Vorfahren weitgehend ab. Wer regelmäßig Brot in kleineren Mengen backt, kommt ohne solch ein Gerät mit möglichst starkem Knetwerk kaum aus, das viel Kraft und Zeit erspart.

Teigknetmaschine

Werden regelmäßig größere Mengen Teig zubereitet, so lohnt sich auch im Familienhaushalt die Anschaffung einer Knetmaschine, die es in verschiedenen Größen gibt. Mit ihrem spiralförmigen Knetarm sorgt sie für gleichmäßig gute Durchmischung des Teigs. Geräte mit hochklappbarem Arm und abnehmbarer Schüssel lassen sich leichter reinigen, sind allerdings teurer.

Knetschüssel

Sie wird gebraucht, wenn der Teig von Hand geknetet wird. Auch wenn in der Küchenmaschine eine größere Teigmenge verarbeitet wird, als die Rührschüssel fasst, braucht man eine solche Schüssel, in die der Teig zum Aufgehen gelegt wird. Sie kann aus Steinzeug, Keramik, Porzellan, Holz oder Metall sein; Kunststoff ist weniger geeignet.

Backbrett

Auf ihm oder auf dem Arbeitstisch direkt wird der Teig gewirkt, das heißt mit den Händen unter Beigabe von Mehl so bearbeitet, dass ein geschmeidiger Ballen entsteht, der nicht an den Händen und an der Unterlage klebt.

Brotnäpfe oder Gehkörbchen

Damit Brote, die nicht im Backblech gebacken werden, beim Aufgehen ihre Form behalten, legt man sie in runde oder ovale Brotnäpfe aus Stroh oder dickem, gedrehten Peddigrohr. Aus Hygienegründen werden diese vorher mit einem Tuch ausgelegt. Früher benutzte die Bäuerin dafür quadratische Tücher aus Leinen, etwas 50 × 50 cm groß. Ein Baumwolltuch in der Größe eines Geschirrtuchs tut denselben Dienst.

Backbleche

Zum Brotbacken gut geeignet sind Kastenformen aus Schwarzblech. Ein Kilo Teig passt in eine Form von etwa 30 cm Länge und 10 cm Höhe. Die Bleche sollten unten schmaler sein als oben, dann lässt sich das fertige Brot leichter herauslösen. Die Form stets nur zu zwei Dritteln mit Teig füllen, da dieser sein Volumen noch vergrößert. Vor dem Einfüllen Blech fetten und je nach Rezept mit Mehl ausstäuben.

Außerdem …

Waage, Teigschaber, Napftücher, Pinsel, Rührlöffel, Mehlsieb.

Es ist eine gute Angewohnheit, die unnötige Wege spart, vor Beginn des Backens alle Zutaten und Backutensilien zum Arbeitsplatz zu bringen und dann erst anzufangen.

Backen im Elektroherd

Da jeder Herdbackofen anders backt, lassen sich keine ganz exakten Angaben über Dauer und Hitzestufen machen. Für das Brotbacken gilt auch hier das „Holzofenprinzip“: bei hoher Hitze beginnen, bei fallender Hitze ausbacken. Also: Ofen auf größter Stufe vorheizen. Nach 10–15 Minuten das Brot auf einer der unteren Schienen einschieben und ein feuerfestes Gefäß mit kochendem Wasser dazustellen. Nach etwa einer Viertelstunde die Temperatur auf 160–180 Grad drosseln und so, je nach Rezept, 40–60 Minuten weiterbacken. Es empfiehlt sich, gegen Ende der Backzeit die Garprobe zu machen: Man holt einen Laib aus dem Ofen und klopft mit dem Fingerknöchel an seine Unterseite. Brot, das in einer Kastenform gebacken wird, nimmt man dazu aus der Form heraus. Wenn es hohl klingt, ist das Brot fertig; andernfalls den Laib noch einige Minuten ohne Blech einschieben. Wer nicht sicher ist, ob sein Brot durchgebacken ist, kann die Gare auch mit einer Stricknadel oder einem Schaschlikstab feststellen, mit denen er in den Laib sticht.

Es gibt Brotbäcker, die darauf schwören, den Boden ihres Elektrobackrohrs mit einigen Schamotte- oder Ziegelsteinen auszulegen, auf die dann die Backform mit dem Brot gestellt wird. Die Steine speichern die Hitze und geben sie langsam an das Backgut ab.

Backen im Holzbackofen

Auch hier kann man kaum feste Regeln aufstellen, da kein Ofen wie der andere backt. Die folgende Beschreibung bezieht sich auf einen großen Ofen mit dem Fassungsvermögen von etwa 20 Laiben; das Prinzip ist jedoch auch auf andere Öfen anwendbar.

Einheizen

Reisig oder Stroh wird vorn in den Ofen gelegt und angezündet. Mit Reisigbüscheln vergrößert man das Feuer und schiebt es mit der Krücke langsam nach hinten. Dann werden 5 bis 10 Backprügel oder entsprechend viel Scheiterholz nachgeschoben und gleichmäßig auf dem Ofentisch verteilt. Ist das Holz heruntergebrannt, wird noch ein- bis zweimal die gleiche Menge nachgelegt. Es ist wichtig, das Feuer stets regelmäßig zu verteilen, damit der Ofentisch überall gleichmäßig heiß wird. Unterlässt man dies, backt das Brot ungleich und die Laibe werden an den Stellen, wo das Feuer kräftiger war, unten verbrennen. Deshalb muss die Glut mit der Krücke oder einer einfachen Holzstange immer wieder „umgerührt“ werden. Stange und Krücke, sofern sie aus Holz sind, zwischendurch immer wieder in Wasser tauchen! Das Feuer soll möglichst restlos herunterbrennen. Das ist erreicht, wenn die Glut weiß geworden ist. So bleibt am Ende nur noch Asche übrig, die ausgeräumt werden muss.

Der Holzverbrauch hängt von verschiedenen Faktoren wie der Größe des Ofens, der Sorte und Beschaffenheit des Holzes, der Außentemperatur und anderem ab. Ideal ist es, immer gleichartiges Brennmaterial zu verwenden. Die konstant bleibende Anzahl gleich dicker Scheiter oder Prügel garantiert am ehesten die notwendige Backhitze. Bei jedem Backen sammelt man hier Erfahrungen und gewinnt mit der Zeit Routine. Eine Bäuerin erzählte, dass sie für ihren Ofen drei Arm voll Holz brauchte. Wenn es einmal vorkam, dass ihr Mann einheizte, wurde das Brot jedes Mal zu dunkel – er nahm dasselbe Maß, hatte aber längere Arme ...

Das Aufheizen darf besonders im Winter nicht zu schnell geschehen, da sonst Risse im Mauerwerk entstehen können. Zum Ausräumen der Glut möglichst eine Krücke mit Holzkante benutzen; eiserne zerkratzen die Ofenplatten. Am leichtesten ist das Ausräumen, wenn der Ofen ein Aschenloch besitzt, eine kleine Öffnung hinter dem Ofenmund, die mit einem Eisenblech geschlossen werden kann. Die Glut wird mit der Krücke nach vorn geholt und fällt durch das Loch in einen eisernen Kasten. Dann kommt man der heißen Glut nicht zu nahe. Ansonsten muss sie durch das Ofenloch in metallene Behälter wie Eimer oder Schubkarren geschoben werden. Vorsicht beim Umgang mit Feuer, Glut und Hitze – ganz schnell kommt man zu Brandblasen und angesengten Haaren und Wimpern! Am besten beim Ausräumen eine Kopfbedeckung und Topfhandschuhe tragen und die Arme bedecken.

Ist dann der Ofentisch frei von Asche und Holzkohle, wird er noch mit dem Wischer gereinigt. Vor dem Ofen stellt man einen Wassereimer bereit. Man sollte zur Schonung des Ofens nicht zu viel Wasser verwenden.

Auch wenn der Ofen sorgfältig ausgewischt wird, lässt es sich nicht vermeiden, dass hier und da nach dem Backen restliche Holzkohlestückchen oder etwas Asche an der Unterseite des Brotlaibs zu finden sind. Der Geschmack wird dadurch nicht beeinträchtigt.

Nach dem Reinigen zeigt sich, wie es um die Hitze bestellt ist. Besitzt der Ofen ein Pyrometer, also ein Thermometer für hohe Temperaturen, kann man hier die Grade ablesen und weiß mit einiger Erfahrung, wie hoch die Temperatur im Innern des Ofens ist. Doch auch die altbewährte Ofenprobe ist hilfreich. Ob mit dem nackten Arm die Hitze im Ofen gemessen wird, ob mit einem Bogen Papier oder einer Hand voll Mehl, die man in den Ofen wirft – jeder Holzofenbäcker hat seine eigene Methode.

Ist die Temperatur zu hoch, so ist dies das kleinere Übel: Man öffnet Ofentür und Züge und wartet noch etwas mit dem Einschießen. Schwieriger wird es, wenn die Hitze nicht ausreicht und eigentlich keine Zeit für ein erneutes Einheizen bleibt, da die Brotlaibe schon genügend gegangen sind. Dann hilft nur eines: Den Gärprozess unterbrechen, indem man sie ins Kühle bringt, und noch einmal rasch mit Reisig ein Feuer machen. Falls sich nun zeigt, dass die Brote doch zu lange gegangen sind – der Teig wird dann innen flüssig und außen klebrig – müssen sie nochmals kurz durchgeknetet und dann wieder ausgeformt werden.

Ein anderes Hilfsmittel bei zu geringer Hitze ist, seitlich auf dem Ofentisch ein kleines Feuer zu entfachen und die Laibe gleich einzuschieben.

Einschießen

Ist der Backofenhimmel weiß,
der Ofentisch nicht zu heiß,
der Teig gut gegangen,
wird mit dem Einschießen
angefangen!

Wird außer Brot auch Blootz gebacken, so kommt er jetzt in den Ofen. Hat man mehrere Sorten vorbereitet, werden zuerst die Zwetschgen- und Apfelkuchen eingeschoben, da sie am längsten brauchen. Dann folgen die weiteren Sorten. Färben sich die Blootze schon nach 3–4 Minuten an der Oberfläche braun, so ist der Ofen zu heiß. Schnell herausholen und den Ofen etwas abkühlen lassen. Brauchen sie dagegen länger als 20 Minuten zum Garwerden, so zeigt das, dass die Temperatur mit Sicherheit nicht für das anschließende Brotbacken ausreicht. Hier heißt es noch einmal einheizen. Die Blootze – ihre ideale Backzeit liegt bei 12–15 Minuten – sind also ein guter „Gradmesser" für die Temperatur im Backofen. Nicht umsonst heißen sie in manchen Landschaften „Hitzkuchen".

Nun kommt das Brot an die Reihe. Bei großen Öfen empfiehlt sich für die ersten Laibe, die ganz nach hinten geschoben werden, ein Verlängerungsteil, das auf den Stiel des Brotschießers aufgesteckt wird. Anschließend wird es wieder abgenommen, sodass man nicht ständig mit dem überlangen Stiel hantieren muss. Bevor die Laibe einzeln auf den Brotschießer gestürzt werden, muss dieser jedes Mal gut mit Mehl eingerieben werden. Dann bleibt der Laib nicht darauf haften und gleitet im Ofen leichter herunter.

Vor dem Schließen der Ofentür wird noch eine Schüssel mit heißem Wasser hineingestellt. Der entstehende Dampf lässt die Kruste nicht zu schnell hart werden. In der ersten Viertelstunde sollte man die Ofentür nicht öffnen, damit das Brot aufgehen kann und nicht zusammenfällt. Danach, wenn sich auf der Unterseite schon eine Kruste gebildet hat, kann man kontrollieren, ob die Laibe gleichmäßig backen und sie gegebenenfalls umschichten.

Für die Backdauer gibt es keine festen Regeln, denn jeder Ofen backt anders. Die Zeit richtet sich nach der Größe der Laibe, nach dem Brennmaterial, der Konstruktion des Ofens und anderem. Für Zweipfünder rechnet man ungefähr mit einer Stunde. Ist man nicht sicher, ob das Brot fertig ist, holt man einen Laib heraus und klopft an seine Kruste: Ist er durchgebacken, klingt es hohl. Für genetztes Brot kurz vor Ende der Backzeit die Laibe herausholen und mit Wasser abbürsten, dann noch einmal kurz einschieben.

Mit dem Brotschießer holt man die fertigen Laibe einzeln oder je zwei heraus und lässt sie in die bereitgestellten Näpfe ohne Tuch gleiten. Darin kühlen sie ab und sollten in dieser Zeit nicht unnötig hin- und herbewegt werden.

Ist das Brot aus dem Ofen geholt, so hat dieser immer noch eine gute Hitze. Ob sie für Hefeteige ausreicht, hängt von der Hitzespeicherung des Ofens ab; auf jeden Fall müsste die Temperatur für Brötchen und Kleingebäck genügen.

Will man die Hitze ganz ausnützen, können am Ende des Backtags auch noch Früchte und Gemüse im Ofen ge-

Ein kräftiges Feuer wird entfacht.

Mithilfe der Ofenkrücke entfernt man das heruntergebrannte Holz.

Nun kann das Brot eingeschoben werden.

Knusprig und duftend kommen die Laibe aus dem Backofen.

Die Glut wird langsam weiß und kann bald in das Aschenloch geschoben werden.

trocknet werden. Das machten schon unsere Vorfahren so. Wer Freude daran hat, den Überfluss aus dem Garten auf diese Weise für den Winter haltbar zu machen, informiert sich über die geeignetsten Methoden. Am besten findet man durch Ausprobieren heraus, wie das Dörren und Trocknen im eigenen Backofen zu handhaben ist.

Ist auch dies getan und der Ofen gibt immer noch Wärme ab, so kann man noch das Brennholz für den nächsten Backtag in den Ofen schichten, was das Einheizen am nächsten Backtag erleichtert.

Lagerung des Brotes

Will man stets frisches Brot im Haus haben, so kann man sich getrost nach dem Grundsatz richten: Je mehr Roggenmehl und je höher der Schrotanteil im Brot, desto länger hält es sich frisch. Brot mit Sauerteig hält länger frisch als Hefebrot. Luftig in einem kühlen Raum gelagert kann man es unangeschnitten gut etliche Tage bis zum Verbrauch aufbewahren. Hefebrot altert schneller und sollte, will man es erst später verwenden, eingefroren werden. Ist das Brot angeschnitten, so haben sich zur Aufbewahrung Brottöpfe aus Keramik bewährt, die eine kleine Luftöffnung haben sollten. Am besten stellt man es auf die Schnittfläche. Nicht geeignet ist der Kühl-

Brot und Wein – zwei ursprüngliche Nahrungsmittel.

schrank. Hier wird dem Brot zu viel Feuchtigkeit entzogen; es wird trocken und schmeckt rasch altbacken.

Alle Behälter, in denen Brot aufbewahrt wird, wie Brottöpfe und dergleichen sollten immer sorgfältig von Krümeln und Resten gereinigt und etwa alle 14 Tage mit Essigwasser ausgewischt werden. Diese lebensmittelfreundliche Reinigung verhindert die Bildung der unliebsamen Schimmelsporen. Außerdem gilt, dass eine kräftige Kruste der beste Schutz vor Schimmel ist und gut durchgebackenes Brot weniger schnell schimmelt.

Einfrieren

Um Brot über einen längeren Zeitraum aufzubewahren, bietet sich das Einfrieren an. Dabei gibt es einige Punkte zu beachten:

- Kleingebäck und Brötchen warm, also gleich nach dem Backen, in Folie verpacken und einfrieren.
- Ganze Brotlaibe immer erst erkalten lassen.
- Zweimaliges Einfrieren vermeiden.
- Ist das Brot aufgetaut, wird es schnell hart. Daher ist es empfehlenswert, nur kleinere Mengen einzufrieren.
- Friert man geschnittenes Brot ein, kann man das Aneinanderkleben der einzelnen Scheiben verhindern, indem man ein Stück Frischhaltefolie zwischen sie legt.
- Einfache Hefeteige lassen sich auch ungebacken einfrieren. Nach dem ersten Gehen in Folie verpacken und einfrieren. Auftauen bei Zimmertemperatur, anschließend nochmals gehen lassen. Dann erst den Teig nach Rezept weiterverarbeiten und backen.

Das Brot ist fertig und wird gleich ins Haus gebracht. Ein gelungener Backtag ist vorüber.

- Auch fertig gebackener Hefekuchen vom Blech lässt sich gut einfrieren, wenn man ihn nach dem Abkühlen in Folie einschlägt. Aufgetaut wird er am schonendsten bei Zimmertemperatur oder, wenn es schneller gehen soll, im Backofen bei 150 Grad.
- Kleingebäck kann man auch ungebacken, aber schon vorgeformt einfrieren.
- Gebackene, tiefgefrorene Brötchen im vorgeheizten Backofen etwa 10 Minuten aufbacken.
- Ganze Brote bei Zimmertemperatur auftauen und anschließend noch 15 Minuten in den auf 180–200 Grad vorgeheizten Backofen geben. So bleibt das Brot außen knusprig und innen saftig.

Regeln und Tipps fürs Backen

Mehl

- Kühl, trocken und luftig lagern.
- Bei allen Rezepten, in denen Auszugsmehl angegeben ist, kann stattdessen Vollkornmehl verwendet werden. Dann muss etwas mehr Flüssigkeit zugegeben werden.
- Vollkornmehl muss nicht grob sein. Fein gemahlen bindet es besser.
- Roggenmehl nicht allein verwenden; stets etwas Weizenmehl hinzufügen, da sonst der Teig zu schwer ist und nicht aufgehen kann.
- Wenn beim Brotbacken immer etwas Roggenmehl mitverarbeitet wird, bekommt das Brot mehr Aroma und hält sich länger frisch.

Hefe

- Um festzustellen, ob frische Hefe noch triebfähig ist, verrührt man etwas davon mit lauwarmem Wasser. Sie ist noch brauchbar, wenn sich nach 10 Minuten kleine Bläschen gebildet haben.
- Frische Hefe und Trockenhefe wirken gleich gut. Trockenhefe ist länger haltbar, aber teurer.
- Wer viel backt, sollte versuchen, seine Hefe über eine Bäckerei oder den Fachhandel in größeren Mengeneinheiten zu beziehen.
- Die günstigste Temperatur für die Teigentwicklung liegt bei 25 bis 30 Grad. Bei 60 Grad stirbt die Hefe ab.
- Hefe wird bei Weizen- und Dinkelbroten verwendet.

Sauerteig

- Wird für Roggenbrot verwendet, macht aber auch Weizen- und Weizenmischbrot würziger und haltbarer.
- Je größer ein Sauerteigbrot ist, desto besser entfaltet sich sein Aroma. Deshalb möglichst Brote von 1 kg und mehr backen.
- Sauerteig lässt sich am besten eingefroren aufbewahren. Man holt ihn morgens aus dem Gefrierschrank, wenn man am Abend den Vorteig ansetzen will.
- Im Kühlschrank in einem Schraubglas mit Deckel oder einer Plastikdose kann man ihn etwa eine Woche aufbewahren. Getrockneten Sauerteig hängt man in einem Stoffsäckchen auf.

Getreide und andere Körner sind die Grundlage für eine vollwertige Ernährung.

Flüssigkeit

- Sie variiert je nach Mehltyp und -qualität. Als Faustregel gilt: auf 1 kg Mehl 500–600 ml Flüssigkeit, auf 1 kg Schrot 700–800 ml Flüssigkeit. Für Brot wird als Flüssigkeit meistens Wasser verwendet. Bei süßen Hefeteigen nimmt man auch Milch, Buttermilch, Dickmilch oder Molke.
- Der Teig soll möglichst weich sein, denn je weicher der Teig ist, desto besser wird anschließend das Brot. Er sollte aber nicht an den Händen und der Arbeitsplatte kleben bleiben.

Salz

- Gibt dem Brot Geschmack und verhindert zu schnelle Gärung.
- Man rechnet als mittleres Maß auf 1 kg Mehl oder Schrot 20 g Salz, das entspricht etwa einem Esslöffel voll. Als Regel gilt: Die Salzmenge beträgt 2 % der Mehlmenge.
- Nicht in Berührung mit Hefe bringen.
- Aus gesundheitlichen Gründen jodiertes Speisesalz verwenden.

Gewürze und Beigaben

- Mit ihnen lässt sich Brot je nach Geschmack und Fantasie immer wieder abwandeln.
- Die beliebtesten Brotgewürze sind Kümmel, Koriander und Fenchel. Sie passen besonders gut zu Roggen- und Roggenmischbroten. Gemischt und abgepackt kann man sie mittlerweile auch als „Brotgewürz“ im Lebensmittelhandel kaufen.

In geselliger Runde macht das Backen noch mehr Freude.

- Als Maß gilt: jeweils ein Teelöffel auf 1 kg Mehl. Wenn man sie ungemahlen verwendet, schmecken sie intensiver; gemahlen wird ihr Geschmack milder.
- Anstelle von Speisesalz kann Sellerie-, Knoblauch- oder Kräutersalz verwendet werden.
- Sesam, Leinsamen, Sonnenblumen- und Kürbiskerne bieten weitere Varianten, ebenso Nüsse aller Art, Malz, Sirup, frische Gartenkräuter, Zwiebeln, Knoblauch und Speck.
- Es eignen sich außerdem: gekochte, geriebene Kartoffeln, Haferflocken, (Trocken-)Obst, Käse, Jogurt, Quark, Sauer- und Buttermilch.
- Samen, Kerne und Trockenobst vorher einige Zeit quellen lassen, damit sie Wasser aufnehmen. Sie entziehen sonst dem Teig Flüssigkeit.

Backen

- Für Brot muss der Backofen immer vorgeheizt werden.
- Dunkler Teig verträgt höhere Temperaturen als heller. Als Mittelwert gilt:
  Roggenbrot etwa 220 Grad,
  Weizenbrot etwa 200 Grad.
- Brot immer bei hoher Temperatur einschießen und bei fallender Hitze ausbacken.
- Backzeiten:
  750-g-Laibe etwa 50 Minuten
  1-kg-Laibe etwa 60 Minuten
  1,5-kg-Laibe etwa 75 Minuten
- Zum Auskühlen den Laib in den Brotnapf oder auf ein Kuchengitter legen, damit der Dampf entweichen kann. In der Form abgekühltes Brot wird nass und schmeckt nach Blech.
- Brot soll man frühestens am nächsten Tag anschneiden. Es ist so bekömmlicher und lässt sich besser schneiden.

Fehler beim Backen

Wir sprechen aus Erfahrung und plaudern aus der Backstube.

- Ablösen der Rinde:
  Der Ofen war zu heiß oder der Teig zu kurz gegangen.
- Grobporiges Brot:
  Der Teig ist zu schnell gegangen.
- Krümeliges Brot:
  Der Teig war zu fest.
- Klebriges Brot:
  Der Teig war zu weich, zu kurz gebacken oder enthielt zu viel Roggenmehl.
- Flaches, breites Brot:
  Der Teig ist zu lange gegangen.
- Die Oberfläche reißt stark ein:
  Der Teig ist zu wenig gegangen.

Das Brot

Er saß beim Frühstück
äußerst grämlich,
da sprach ein Krümchen
Brot vernehmlich:
Aha, so ist es mit dem Orden
für diesmal wieder nichts geworden.
Ja, Freund, wer seinen Blick erweitert
und schaut nach hinten
und nach vorn,
der preist den Kummer,
denn er läutert.
Ich selber war ein Weizenkorn.
Mit vielen, die mir anverwandt,
lag ich im rauhen Ackerland.
Bedrückt von einem Erdenkloß,
macht' ich mich mutig strebend los.
Gleich kam ein alter Has gehupft
und hat mich an der Nas gezupft;
und als es Winter war, verfror,
was peinlich ist, mein linkes Ohr;
und als ich reif mit meiner Sippe,
oh weh, da hat mit seiner Hippe
der Hans mich rutschweg abgesäbelt
und zum Ersticken festgeknebelt
und auf die Tenne fortgeschafft,
wo ihrer vier mit voller Kraft
im regelrechten Flegeltakte
uns klopften,
daß die Schwarte knackte!
Ein Esel trug uns nach der Mühle.
Ich sage dir, das sind Gefühle,
wenn man zerrieben und gedrillt
zum allerfeinsten Staubgebild,
sich kaum besinnt und fast vergißt,
ob Sonntag oder Montag ist.
Und schließlich schob
der Bäckermeister,
nachdem wir erst als zäher Kleister
in seinem Troge baß gehudelt,
vermengt, geknebelt und vernudelt,
uns in des Ofens höchste Glut.
Jetzt sind wir Brot. Ist das nicht gut?
Frischauf, du hast genug, mein Lieber,
greif zu und schneide nicht zu knapp
und streiche tüchtig Butter drüber
und gib den andern auch was ab!

Wilhelm Busch

Rezepte

Brot und Brötchen mit Hefe

Die Temperaturen und Backzeiten in den folgenden Rezepten gelten für Elektrobacköfen. Es sind ungefähre Werte, die nicht starr angewandt werden können, da jeder Ofen anders aufheizt. Am besten behält man das Brot während des Backvorgangs im Auge und kontrolliert es von Zeit zu Zeit.

Auch im Elektroherd wird beim Brotbacken das „Holzofenprinzip“ der abnehmenden Hitze angewandt. Beim Brotbacken muss der Backofen immer vorgeheizt werden. Wenn im Rezept nichts anderes vermerkt ist, wird die angegebene Temperatur eingestellt, nach 10–15 Minuten das Brot eingeschoben und die Temperatur nach weiteren 15 Minuten auf etwa 180 Grad gesenkt.

Im Holzbackofen müssen noch stärker die Erfahrungswerte für den jeweiligen Ofen berücksichtigt werden, da hier die Ofentemperatur von verschiedenen Faktoren abhängt und sich noch weniger genau angeben lässt.

Bei beiden Backweisen empfiehlt es sich, während des Backens eine feuerfeste Schale mit kochendem oder heißem Wasser in den Ofen zu stellen.

Schwarzbrot mit Dinkel

1 kg Dinkelmehl
250 g Roggenmehl
250 g Dinkelvollkornmehl
120 g Hefe
2 TL Salz
750 ml Wasser

Die drei Mehlsorten in einer Knetschüssel vermengen. In einer kleinen Mulde in der Mitte des Mehls die Hefe mit etwas lauwarmem Wasser verrühren. Das Salz an den Rand der Schüssel geben. Restliches Wasser dazugeben und die Masse kräftig durchkneten. Zudecken und 30 Minuten gehen lassen. Dann drei kleine Laibe formen und auf ein gefettetes Backblech legen. An einem warmen Ort noch einmal 20 Minuten gehen lassen.
Backzeit: 50 Minuten bei 180 Grad.

Einfaches Weißbrot

1 kg Weizenmehl
80 g Hefe
500 ml warmes Wasser
1 EL Salz
1 TL Zucker

Etwa die Hälfte des Wassers mit der Hefe und einem Teil des Mehls glattrühren. Restliches Wasser, Salz und Zucker zugeben und nach und nach das restliche Mehl einarbeiten. Den Teig auf die bemehlte Arbeitsplatte legen und noch so viel Mehl darunterkneten, dass der Teig nicht mehr klebt. In der Schüssel 30 Minuten zugedeckt gehen lassen. Noch einmal kurz durch-

Dinkelbrot wird am besten in Kastenformen gebacken, damit es seine Form behält.

kneten, zwei Laibe formen und entweder auf dem gefetteten Blech oder in Gehkörbchen zum zweiten Mal etwa 30 Minuten gehen lassen.
Backzeit: 30 Minuten bei 220 Grad mit fallender Hitze.

Schwäbisches Bauernbrot

1700 g Weizenmehl Type 1050
300 g Roggenmehl Type 1150
40 g Hefe
1,5 l Wasser (oder halb Wasser, halb Buttermilch)
50 g Salz
½ TL Kümmel
½ TL Koriander

Alle Zutaten in eine Schüssel geben. Mit der Hefe und etwas Wasser oder Buttermilch einen Vorteig herstellen und etwa drei Stunden ruhen lassen. Danach alles zusammen zu einem lockeren, geschmeidigen Teig kneten und 90 bis 120 Minuten ruhen lassen. Zwischendurch den Gärprozess unterbrechen (Teig kurz durchkneten). Zwei bis drei Brote formen und auf einem bemehlten Brett nochmals fünf bis zehn Minuten gehen lassen.
Backzeit: 60 Minuten bei 240 Grad mit fallender Hitze.

Anstelle des Roggenmehls eignen sich auch sehr gut drei bis vier gekochte, geriebene Kartoffeln.

Walnussbrot

1 kg Mehl
40 g Hefe
1 EL Salz
200 g Fett
etwa 500 ml Milch
nach Belieben zerkleinerte Walnusskerne

Einen Hefeteig herstellen, gehen lassen und in zwei Hälften teilen. Beide Hälften auswellen, mit Walnüssen bestreuen und aufrollen. In zwei Kastenformen legen und nochmals gehen lassen.
Backzeit: 60 Minuten bei 200 Grad.

Kräuterbrot mit Zwiebeln

600 g Weizenvollkornmehl
125 ml lauwarmes Wasser
30 g Hefe
50 g Butter
je 1 EL Dill, Schnittlauch, Petersilie, fein gehackt
1 Zwiebel, 1 Knoblauchzehe
1 TL Salz

Mehl in eine Schüssel geben, die in dem Wasser aufgelöste Hefe in eine Vertiefung in der Mitte einrühren und 15 Minuten gehen lassen. Die übrigen Zutaten einarbeiten und gut durchkneten. Etwa 1 Stunde gehen lassen. Noch einmal durchkneten, zu einer länglichen Rolle formen und in eine gefettete und bemehlte Kastenform geben. 15 Minuten gehen lassen.
Backzeit: 40 Minuten bei 220 Grad, 20 Minuten bei 180 Grad, 10 Minuten bei ausgeschaltetem Ofen.

Bauernbrot mit Buttermilch

Die angegebene Teigmenge ergibt zwei bis drei Brote.

500 g Dinkelmehl Type 1050
500 g Weizenmehl Type 1050
500 g Weizenvollkorn Type 1600
500 g Dinkelmehl Type 630 oder 405
50 g Salz
1,5 l Buttermilch oder
750 g Quark und 500 ml Wasser
40 g Hefe
2–3 gekochte Kartoffeln

Das Mehl in eine Schüssel geben. Mit Hefe, Buttermilch oder Wasser einen Vorteig herstellen und diesen zwei bis drei Stunden ruhen lassen. Die gekochten Kartoffeln durch eine Presse drücken, wie alle übrigen Zutaten dem Mehl zugeben und einen lockeren Teig kneten. Diesen zwei Stunden ruhen lassen, eventuell den Gärprozess durch kurzes Kneten unterbrechen. Nun die Brote formen und diese nochmals in einem Brotkorb oder auf einem bemehlten Brett zehn Minuten ruhen lassen. Vor dem Einschießen die Brote kreuzförmig einschneiden, damit die Rinde nicht aufreißt.
Backzeit: 60 Minuten bei 250 Grad mit fallender Hitze.

Vollkornbrot

200 g Weizenmehl Type 1050
250 ml warmes Wasser
40 g Hefe
500 g Weizenmehl Type 1050
500 g Weizenschrot Type 1700
500 ml Sauermilch
je 1 EL Salz, Schmalz
2 geriebene Kartoffeln vom Vortag
je 2 EL Sesam, Leinsamen, Sonnenblumenkerne, Haferflocken

Aus 200 g Mehl, Hefe und Wasser einen Vorteig herstellen. Alle übrigen Zutaten dazugeben und gut durchkneten. Den Teig gehen lassen. Dann

zwei Laibe formen, in gefettete Kapseln geben und noch einmal gehen lassen. Die Oberfläche mit dem Messer einritzen und mit Wasser bestreichen.
Backzeit: 50 Minuten bei 220 Grad mit fallender Hitze.

Einfaches Weizenvollkornbrot

620 g Weizen, fein geschrotet
400 ml warmes Wasser
40 g Hefe
1 TL Salz

Wasser und Hefe mit dem Knethaken der Küchenmaschine verrühren. Das Mehl mit dem Salz nach und nach zugeben und zu einem glatten Teig kneten. 15 Minuten gehen lassen, dann mit den Händen auf dem Backbrett durchkneten. Einen länglichen Laib formen und in einem mit einem Tuch ausgelegten Backkörbchen nochmals 20 Minuten gehen lassen. Backofen auf 250 Grad vorheizen. Den Laib auf ein gefettetes Backblech stürzen und mit dem Messer einritzen.
Backzeit: 20 Minuten bei 250 Grad, 20–30 Minuten bei 200 Grad.

Kräuterbrot

500 g Mehl
250 ml Milch
30 g Hefe
1 TL Salz
30 g Butter
3 Eier
je 1 EL gehackte Petersilie, Dill und Schnittlauch

Die Milch in die Rührschüssel geben und mit der Hefe verrühren. Das mit dem Salz vermischte Mehl einrühren, Butter und Eier zugeben und ausdauernd kneten. Dann die Kräuter hinzufügen und den Teig zugedeckt gehen lassen. Nochmals durchkneten und in eine gefettete Kastenform geben. Wieder abdecken und gehen lassen.
Backzeit: 40–50 Minuten bei 200 Grad.

Fladenbrot

450 g Weizenmehl Type 405
300 g Weizenmehl Type 1050
½ Päckchen Backpulver
40 g Hefe
1 knapper EL Salz
1 knapper EL Zucker
150 g Jogurt
200 ml Milch
2 Eier
50 g Butterflöckchen
Zum Auftragen:
Etwas zerlassene Butter
Sesam, Koriander, Mohn, Kümmel

Mehl und Backpulver in eine Schüssel sieben und mit den übrigen Zutaten zu einem glatten Teig verarbeiten. Zugedeckt an einem warmen Ort gehen lassen, bis er etwa doppelt so hoch ist. Dann noch einmal durchkneten, in drei Teile teilen und jedes Stück zu einem runden, 2 cm dicken Fladen auswellen. Auf ein gefettetes Backblech legen, mit Butter bestreichen und nach Belieben mit den Samen bestreuen. Nochmals zugedeckt gehen lassen.
Backzeit: etwa 15 Minuten bei 225 Grad.

Sonnenblumenbrot

200 g Sonnenblumenkerne, ohne Fett in der Pfanne geröstet
500 g Weizenvollkornmehl
300 g Weizenmehl Type 1050
80 g Hefe
1 TL Honig
300 ml lauwarmes Wasser
4 Eigelb
200 g Crème fraîche
6 EL Sonnenblumenöl
1 EL Salz
1 Ei

Mehl vermischen, Hefe und Honig im warmen Wasser auflösen, in das mit den Sonnenblumenkernen gemischte Mehl geben und mit etwas Mehl zudecken. 1 EL Kerne übrig lassen. Eigelb, Crème fraîche, Öl und Salz an den Rand der Schüssel geben und von der Mitte aus zu einem Teig verkneten. Etwa 30 Minuten gehen lassen. Dann den Teig nochmals kneten und eine größere Kugel sowie 7 kleine daraus formen. Die große Kugel in die Mitte eines gefetteten Blechs setzen, die kleinen rundherum. Wiederum zugedeckt gehen lassen. Mit dem verquirlten Ei bestreichen und mit Sonnenblumenkernen bestreuen.
Backzeit: 40 Minuten bei 180 Grad.

Zwiebelbrot

250 g Weizenmehl
250 g Roggenmehl
40 g Hefe
250 ml Wasser
1 TL Salz
50 g Fett
3 Zwiebeln

Weizen- und Roggenmehl in eine Schüssel sieben und das Salz dazugeben. Die Hefe darüber bröckeln und mit dem warmen Wasser zu einem glatten Teig kneten. Eine Stunde gehen lassen. Währenddessen die Zwiebeln schälen, fein schneiden und in heißem Fett andünsten. Die abgekühlten Zwiebeln unter den Teig kneten.

Aus dem Teig einen Laib oder zwei Stangenbrote formen, auf das gefettete Blech legen und backen. Nach der Hälfte der Zeit mit Wasser bestreichen und evtl. mit Mehl bestäuben.
Backzeit: 90 Minuten bei 175 Grad (1 großes Brot).

Hefefladen mit Zwiebeln und Speck

500 g Weizenmehl
40 g Hefe
250 ml warme Milch
1 TL Salz, 1 TL Zucker
200 g Speck
2 Zwiebeln

Speck und Zwiebeln klein schneiden, in der Pfanne anbraten und abkühlen lassen. In der Knetschüssel oder der Rührschüssel der Küchenmaschine die Hefe mit der Hälfte der Milch und etwas Mehl glattrühren. Die übrige Milch sowie Salz und Zucker dazugeben, dann das restliche Mehl mit dem Speck und den Zwiebeln einarbeiten. Zu einer Kugel formen und zugedeckt eine halbe Stunde gehen lassen. Kurz durchkneten, zu drei Kugeln formen und auf gefettetem Backblech noch einmal etwa 20 Minuten gehen lassen.

Vor dem Backen die Kugeln auf etwa 2 cm flachdrücken und gitterförmig einschneiden. Auf mittlerer Schiene einschieben.
Backzeit: 5–10 Minuten bei 240 Grad, dann auf 180 Grad herunterschalten. Insgesamt 20–30 Minuten backen.

Bauernweckchen

600 g Weizenvollkornmehl
1 TL Salz
40 g Hefe
etwa 250 ml Wasser
Wasser zum Bestreichen

Hefeteig bereiten und eine Stunde gehen lassen. Kleine Weckchen ausformen und auf gefettetes Backblech setzen. Oben einschneiden und nochmals 10 Minuten gehen lassen. Mit lauwarmem Wasser überpinseln.
Backzeit: 30 Minuten bei 200 Grad.

Mohnzöpfchen

Die Teigmenge ergibt 12 Stück.

500 g Mehl
40 g Hefe
1 TL Salz
1 EL Öl
125 ml lauwarme Milch
250 ml lauwarmes Wasser
Mohn

Mehl und Hefe vermischen, die übrigen Zutaten hinzufügen und zu einem glatten Teig verarbeiten. Gehen lassen, bis er etwa doppelt so hoch ist, und noch einmal durchkneten. Zu einer Rolle formen, diese ein 12 Stücke teilen. Von jedem Teigstück etwa ein Drittel abnehmen und zu einer 15 cm langen Rolle formen. Aus dem größeren Stück eine etwa 30 cm lange Rolle formen und diese hufeisenförmig vor sich legen. Die kurze Rolle dazwischen legen und einen Zopf flechten. Die Enden nach unten schlagen und fest andrücken. Alle Teigzöpfe auf ein gefettetes Blech legen und nochmals gehen lassen. Dann mit etwas Wasser bestreichen und mit Mohn bestreuen.
Backzeit: 30 Minuten bei 200 Grad.

Vollkorn-Seelen

Seelen sind Gebäckstangen, die ursprünglich für den Allerseelentag (2. November) gebacken wurden.

500 g Dinkel
400 ml Wasser
12–15 g Salz
40 g Hefe
Zum Bestreuen:
Kümmel, Sesam, Sonnenblumenkerne, Mohn, grobkörniges Salz

Mit der Hefe einen Vorteig ansetzen und 20 Minuten gehen lassen. Nun aus allen Zutaten einen geschmeidigen und sehr weichen Teig kneten und 40 Minuten ruhen lassen. Dann den Teig mit nassen Händen in 12 bis 15 Portionen teilen, zu länglichen Stangen formen und auf ein gefettetes oder mit Backpapier belegtes Blech ziehen. Die Stangen mit Kümmel oder anderem bestreuen. Seelen schmecken am besten ofenfrisch.
Backzeit: 15 Minuten bei 250 Grad.

Rezepte mit Backpulver

Sonntagsbrötchen

250 g Mehl
200 g Quark
1 Ei
3 EL Milch
4 EL Öl
1 TL Backpulver
Mohn, Kümmel oder Sesam für den Belag

Mehl und Backpulver in eine Schüssel sieben, die übrigen Zutaten hinzufügen und zu einem glatten Teig verkneten. Brötchen formen, in ein Schälchen mit Wasser und dann in Kümmel, Mohn oder anderes tauchen.
Backzeit: 10–20 Minuten bei 200 Grad.

Buttermilchbrötchen

250 g Weizen
1 Prise Salz
2 TL Backpulver
etwa 100 ml Buttermilch

Alle Zutaten zu einem festen Teig verkneten und diesen zu einer Stange rollen. Dicke Scheiben abschneiden und mit den Händen zu Brötchen formen. Das Backblech dünn mit Öl bestreichen und die Brötchen daraufsetzen.
Backzeit: etwa 15 Minuten bei 200 Grad.

Haferflockenbrot

100 g Haferflocken
125 g Mehl
1 TL Backpulver
½ TL Salz
¼ TL Anis
60–80 g weiche Butter
100 ml Milch

Haferflocken, Mehl, Backpulver, Salz und Anis mischen. Die Butter dazugeben und durchkneten, dabei nach und nach die Milch zugeben. Aus dem Teig einen Kloß formen. Ein rundes Backblech mit Haferflocken ausstreuen, den Teigkloß darauflegen und zum Rand hin flach drücken.
Backzeit: 15 Minuten bei 220 Grad.

Brote mit Sauerteig

Weizenmischbrot

700 g Weizenmehl Type 1050
300 g Roggenmehl Type 1150
30 g Hefe
50 g Sauerteig
1 EL Salz
600 ml lauwarmes Wasser
100 g gekochte, fein geriebene Kartoffeln

Weizen- und Roggenmehl in die Knetschüssel geben und leicht durchmischen. Eine kleine Mulde ins Mehl drücken und den Sauerteig hineingeben. Dazu kommt die Hefe, die vorher in etwas lauwarmem Wasser und einem Teelöffel Zucker glattgerührt wurde. An den Schüsselrand das Salz und die Kartoffeln geben. Nun das Wasser dazugeben und alles so lange kräftig durchkneten, bis ein geschmeidiger Teig entstanden ist. Anschließend zugedeckt 30 Minuten gehen lassen. Dann zu einem runden Laib auswirken und im Gehkörbchen nochmals 30 Minuten gehen lassen. Vorsichtig auf ein gefettetes Backblech stürzen oder auf den Brotschieber geben und einschieben.
Backzeit: 1 Stunde bei 200 Grad mit fallender Hitze.

Das fertige Weizenmischbrot liegt zum Auskühlen im Napf.

Für Brötchen wird der Teig in gleich große Stücke geteilt und geformt.

Die Teigstücke werden in Wasser und in die verschiedenen Gewürze getaucht.

Legt man die Brötchen dicht aneinander, so entsteht ein „Bäckerrad".

Das fertige Bäckerrad kommt aus dem Ofen.

Brötchen

Der Teig für Weizenmischbrot eignet sich auch sehr gut für Brötchen. Nachdem er zum ersten Mal gegangen ist, nimmt man pro Stück 80–100 g Teig ab, formt ein rundes Brötchen daraus, taucht es mit der Oberseite in ein Schälchen Wasser und dann in eines der vorbereiteten Schälchen mit Kümmel, Sesam, Sonnenblumenkernen, Leinsamen, Mohn, grob geschrotetem Weizen oder anderem. Die Brötchen werden auf ein gefettetes rundes Blech gelegt und noch einmal 20 Minuten gehen gelassen. Sollen die Brötchen als Bäckerrad aneinanderhängen, legt man sie so dicht, dass sie sich nach dem Gehen berühren. Nach dem Backen bilden sie dann eine große Scheibe.
Backzeit: 15 Minuten bei 200 Grad.

Roggenmischbrot

700 g Roggenmehl Type 1150
300 g Weizenmehl Type 1050
20 g Hefe
100 g Sauerteig
1 EL Salz
750 ml Wasser

Zubereitung wie bei Weizenmischbrot.

Vollkornbrot

Ergibt vier Brote

1200 g Roggenschrot
1200 g Weizenschrot
500 g Roggenmehl Type 1150
500 g Weizenmehl Type 1050
100 g Leinsamen geschrotet
100 g Sonnenblumenkerne
2 EL Sesam
600 g Natursauerteig
80 g Hefe
70 g Salz
2,5 l Wasser oder halb Wasser, halb Buttermilch
2 TL Brotgewürz oder Kümmel

Roggen- und Weizenschrot etwa drei bis vier Stunden vor der Teigzubereitung im warmen Wasser oder Buttermilch-Wasser einweichen. Roggen- und Weizenmehl in eine Schüssel geben, mit der Hefe einen Vorteig herstellen und drei bis vier Stunden ruhen lassen. Dann die übrigen Zutaten mit dem Sauerteig und dem eingeweichten Schrot zu einem glatten und geschmeidigen Teig verkneten. Den Teig nun 30–40 Minuten ruhen lassen, kurz durchkneten und nochmals 40 Minuten gehen lassen. In vier Teile aufteilen, jedes gut durchwirken und in bemehlte Brotnäpfe legen. Nach zehn Minuten die Formen stürzen.
Backzeit: 1 Stunde bei 270 Grad mit fallender Hitze.

Kümmel-Vollkornbrot

Vorteig:
125 g Sauerteig
500 ml lauwarmes Wasser
400 g Roggenvollkornmehl
Hauptteig:
800 g Roggenvollkornmehl
200 g Weizenvollkornmehl
3 TL Salz und 4 EL Kümmel
125 ml Wasser und 40 g Hefe
500 ml lauwarmes Wasser

Für den Vorteig wird der Sauerteig in das Wasser eingerührt und mit dem Mehl vermischt. 12 Stunden zugedeckt bei 30–35 Grad stehen lassen. Dann von diesem Teig eine Hand voll wegnehmen, mit etwas Roggenmehl verkneten und für das nächste Backen kühlstellen.

Das frisch gemahlene Mehl in eine Schüssel geben, mit Kümmel und Salz vermischen und den Vorteig sowie die im Wasser aufgelöste Hefe dazugeben. Nach und nach das Wasser zugeben und den Teig von der Mitte aus gut durcharbeiten, bis ein geschmeidiger, glatter Teig entstanden ist. Diesen etwa 2 Stunden gehen lassen, dann zu einer Kugel formen und in einen bemehlten Brotnapf legen. Nochmals 30–60 Minuten gehen lassen, dann vorsichtig auf ein gefettetes Blech stürzen.
Backzeit: 20 Minuten bei 240 Grad, 60 Minuten bei 190 Grad, 10 Minuten bei Nachhitze.

Roggenmischbrot

1 kg Roggen
200 g Weizen
50 g Sauerteig
20 g Hefe
850 ml Wasser
20 g Salz
½ TL Anis
1 EL Fenchel, ungemahlen
1 EL Koriander, ungemahlen
1 EL Honig

Am Vortag 340 g Roggen von dem 1 kg Roggen abnehmen und fein schroten. Davon 160 g abwiegen und mit dem Sauerteig und 160 ml warmem Wasser verrühren. Mit Mehl bestäuben und an einem warmen Platz etwa 4 Stunden stehen lassen. Dann den restlichen Roggenschrot und etwa 220 ml Wasser dazugeben und zu einem dicken Brei vermengen. Über Nacht warmstellen.

Am nächsten Morgen den restlichen Roggen mahlen und in eine Knetschüssel geben. In eine Mulde im Mehl den Sauerteig schütten, an den Rand der Schüssel Salz, Honig und Gewürze verteilen und mit etwa 450 ml warmem Wasser einrühren. Die Hefe mit etwas Wasser und Mehl verrühren und zusammen mit dem Weizenmehl zum Teig geben. Alles ausgiebig durchkneten. 20 Minuten ruhen lassen. Dann zwei Laibe formen, in Brotnäpfe legen und noch einmal 30 Minuten gehen lassen.
Backzeit: 20 Minuten bei 250 Grad, dann auf 180 Grad herunterschalten und noch 30–40 Minuten backen.

Roggen-Bauernbrot

Die Teigmenge ergibt zwei kleine Brote und ein großes Brot.

700 g Roggenmehl Type 1150
300 g Weizenmehl Type 812
1 EL Brotgewürz (Kümmel, Koriander, Fenchel)
20 Salz
50 g Sauerteig
40 g Hefe
700 ml Wasser

Den Sauerteig mit 250 ml Wasser und 150 g Roggenmehl gut verrühren und über Nacht an einem warmen Ort stehen lassen. Am nächsten Tag die restli-

chen Zutaten und die aufgelöste Hefe dazugeben und zu einem glatten und geschmeidigen Teig kneten. Zugedeckt zwei Stunden gehen lassen. Dann etwas Teig, ungefähr eine Hand voll, abnehmen und als Sauerteigansatz für das nächste Mal aufbewahren. Aus dem Restteig ein großes oder zwei kleine Brote formen und geformt noch 10–20 Minuten ruhen lassen. Brote mit Wasser bestreichen.
Backzeit: 1 Stunde bei 270 Grad mit abnehmender Hitze.

Dinkelbrot

900 g Dinkelschrot
100 g Weizenmehl Type 1050
30 g Hefe
20 g Sauerteig
1 EL Salz
700 ml Wasser

Zubereitung wie bei Weizenmischbrot. Dinkelbrot bäckt man in der Kastenform, da der Teig leicht wegläuft.

Kräuter-Gewürzbrot

300 g Weizen, fein gemahlen
200 g Roggen, mittelfein gemahlen
1 TL Koriander, gemahlen
½ TL Fenchel, gemahlen
½ TL Anis, gemahlen
30 g Hefe
150 g Sauerteig
1 TL Salz
4 EL Speiseöl
375 ml lauwarmes Wasser
3–4 EL frische gehackte Kräuter
Haferflocken oder Sesam zum Bestreuen

Das Mehl mit den Gewürzen, der Hefe und dem Sauerteig vermischen, Salz, Öl und Wasser hinzufügen und zu einem glatten Teig verarbeiten. Die Kräuter unterarbeiten und den Teig gehen lassen. Dann nochmals gut durchkneten, zu einem runden Laib auswirken, auf ein gefettetes Backblech legen und die Oberfläche gitterartig einschneiden. Mit Wasser bestreichen und nochmals zugedeckt gehen lassen.
Backzeit: 50–60 Minuten bei 200 Grad.

Speck-Zwiebel-Brot

375 g Roggenschrot
375 g Weizenschrot
1 EL Salz
1 TL Zucker
250 ml Weißwein
250 ml Wasser
40 g Hefe
150 g Sauerteig
1 große Zwiebel
150 g Räucherspeck

Den Schrot mit dem Salz und dem Zucker mischen. Wein und Wasser leicht erwärmen und mit der Hefe und dem Sauerteig verrühren. Zum Mehl gießen und gut verkneten. Eine halbe Stunde gehen lassen. In der Zwischenzeit Zwiebel und Speck in kleine Würfel schneiden und anbraten, abgekühlt zum Brotteig geben und durchkneten. Noch einmal eine halbe Stunde gehen lassen und auf ein gefettetes Blech legen.
Backzeit: 20 Minuten bei 225 Grad, 40 Minuten bei 180 Grad.

Brote mit Backferment

10 g Grundansatz = 1 gehäufter TL
3 g Backferment-Granulat = 1 leicht gehäufter TL
Grundansatz mit Granulat im Wasser auflösen, mit dem Schrot vermischen und über Nacht zugedeckt warmstellen.

Für den Hauptteig das Salz im Wasser auflösen, Mehl und Schrot dazugeben und mit dem Vorteig vermengen. Gut durchkneten, zu einer Kugel formen und zugedeckt an einem warmen Ort eine Stunde gehen lassen.

Gewürzbrot

Vorteig:
500 g Roggen, grob geschrotet
10 g Grundansatz
3 g Granulat
500 ml Wasser (30 Grad)
Hauptteig:
500 g Weizen, fein geschrotet
15 g Salz
etwa 200 ml Wasser (50 Grad)
1 EL Leinsamen und 1 TL Kümmel
2 EL geröstete Haselnüsse
je ½ TL Kräuter der Provence, Fenchel, Koriander, Majoran
Sesam zum Ausstreuen der Form

Gegangenen Teig nochmals durcharbeiten und in eine gefettete, mit Sesam ausgestreute Kastenform füllen. Mit Sesam bestreuen und abgedeckt 30 Minuten gehen lassen.
Backzeit: 60 Minuten bei 220 Grad.

Sonnenblumenbrot

Vorteig:
300 g Roggenschrot
400 ml Wasser (30 Grad)
10 g Grundansatz
3 g Granulat
Hauptteig:
300 g Weizenvollkornmehl
400 g Weizenfeinschrot
etwa 350 ml Wasser (50 Grad)
20 g Meersalz
200 g Sonnenblumenkerne

Den gegangenen Teig noch einmal durchkneten und in eine gefettete Kastenform geben. Nochmals zugedeckt gehen lassen.
Backzeit: 60 Minuten bei 220 Grad.

Roggen-Weizen-Mischbrot

Vorteig:
400 g Roggenvollkornmehl
400 ml Wasser (30 Grad)
10 g Grundansatz
3 g Granulat
Hauptteig:
200 g Weizenvollkornmehl
400 g Roggenschrot
20 g Salz
etwa 350 ml Wasser

Teig in eine gefettete Kastenform geben. Zugedeckt 30 Minuten gehen lassen.
Backzeit: 1 Stunde bei 220 Grad.

Gerichte mit Schwarzbrot

Brotauflauf mit Äpfeln

750 g Schwarzbrotreste
1 l Milch
5 EL Zucker
3 Eier
750 g klein geschnittene Äpfel
100 g Rosinen
100 g Butter
Zimtzucker

Eier, Zucker und Milch verquirlen und das klein geschnittene Schwarzbrot darin einweichen. Auflaufform einfetten und schichtweise die Brotmasse und die Äpfel einfüllen, Rosinen und Zimtzucker dazwischen streuen. Als letzte Schicht eine Brotschicht einfüllen, mit Butterflöckchen belegen.
Backzeit: 45 Minuten bei 180 Grad.

Schwarzbrodpudding

Aus einer Rezeptsammlung von 1870, daher die altertümliche Schreibweise.

1 Loth = 15 g

12 Loth (180 g) leicht gerührte Butter, 12 Eidotter, 8 Loth (120 g) Zucker, 6 Loth (90 g) geriebene Chocolade, 10 Loth (150 g) geriebenes, recht schwarzes, gut gebackenes Brod, etwas Zimt, Vanille, gemahlene Gewürznelken mischen und den Schnee von 12 Eiweiß unterziehen. 1,5 Stunden in einer Puddingform im Wasserbad kochen. Mit Vanillesauce servieren.

Geschmälzte Brotsuppe

Fleischbrühe
Schwarzbrot nach Belieben
Butter
Zwiebel

Das Brot in kleine, dünne Scheiben schneiden und in eine Schüssel geben. Zwiebel klein schneiden und in Butter hellgelb rösten. Die kochende Fleischbrühe über das Brot gießen, die Zwiebeln darübergeben und sofort auftragen.

Schinken im Brotteig

Hier wird nicht gebackenes Brot, sondern Schwarzbrotteig gebraucht, zum Beispiel 500 g vom Weizenmischbrot S. 93.

1 kg gekochter Schinken am Stück

Schwarzbrotteig herstellen. Den Schinken mit dem Teig umhüllen, auf ein gefettetes Backblech setzen und etwa 1,5 Stunden bei 200 Grad backen. Vor dem Verzehr einen runden Deckel vom Brot abschneiden, den Schinken herausnehmen, in Scheiben schneiden und wieder in das Brot zurücklegen.

Den Deckel wieder auflegen und heiß servieren. Dazu passt ein bunter Salat.

Käseschnitten

Sie eignen sich gut zur Verwertung von hartem Brot.

4 EL Butter
4 EL Vollkornmehl oder -schrot
1 Tasse Milch
1 Knoblauchzehe, zerdrückt
Salz, Pfeffer
2 Eigelb
1 Tasse Hartkäse, klein geschnitten oder gerieben
6 Scheiben altes Brot
etwas Weißwein

Die Butter schmelzen, das Mehl einrühren und mit Milch ablöschen. Auf kleinem Feuer zu einem Brei kochen und etwas abkühlen lassen. Mit Salz und Pfeffer würzen. Eigelb, Käse und Knoblauch unterziehen. Die Brotscheiben mit dem Wein beträufeln und die Masse aufstreichen. Auf ein gefettetes Blech legen und etwa 10 Minuten im Ofen überbacken.

Eine einfache, aber köstliche Mahlzeit: geschmälzte Brotsuppe.

Salzige Blootze und pikante Kuchen

Ursprünglich nahm man am Backtag für jeden Blootz eine Hand voll vom Schwarzbrotteig weg, wellte ihn aus, legte ein rundes Blootzblech damit aus und belegte es mit unterschiedlichen Zutaten.

Man schob es in den Ofen, bevor das Schwarzbrot gebacken wurde, und aß den Blootz nach der Suppe zum Mittagessen. Dazu gab es Malz- oder Bohnenkaffee.

Will man heute einen Blootz oder einen anderen salzigen Kuchen backen und nicht auch gleich Brot dazu, heißt es, einen Extrateig herzustellen. Man kann ihn nach einem Rezept für Schwarzbrot zubereiten – die Menge von 300 g Teig reicht für ein großes, rundes Blootzblech. Ebenso eignen sich die im Folgenden aufgeführten Teige.

Im Elektroherd wird Blootz bei 200–220 Grad etwa 20–30 Minuten gebacken.

Die ganz einfachen salzigen Blootze sollte man stets direkt aus dem Ofen heraus servieren, da sie wieder aufgewärmt zäh und hart werden. Auch die üppigeren Kuchen schmecken heiß am besten und sollten möglichst aus dem Ofen auf den Tisch kommen; sie kann man aber zur Not auch noch einmal aufwärmen.

Beim Belegen der salzigen Kuchen sind der Fantasie keine Grenzen gesetzt. Rezepte kann man variieren und dem anpassen, was der Garten bietet oder was gerade an Zutaten zur Hand ist.

Hefeteig immer sehr dünn, etwa 3 mm, auswellen, da er noch aufgeht. Beim Mürbteig lässt sich die ausgewellte Teigplatte leichter in die Backform legen, wenn man sie nach dem Ausrollen um das Wellholz „wickelt“ und auf der Form wieder abrollt.

Böden für salzige Blootze und Kuchen

Geriebener Mürbteig

250 g Mehl
125 g Butter
1 Eigelb oder
1 EL süße Sahne
Wasser
Salz

Mehl auf ein Backbrett sieben und die Butter darüberwürfeln. Mit den Händen beides schnell zusammenreiben und die übrigen Zutaten einarbeiten. Der Teig sollte ziemlich fest sein. Zu einer Kugel formen, in Folie oder feuchtes Tuch einwickeln und eine halbe Stunde kühl stellen.

Eine Hand voll Schwarzbrotteig wird zu einem dünnen Boden ausgewellt.

Anschließend legt man damit ein rundes, gefettetes Backblech aus.

Ein kleines Vordach schützte bei diesem Backhaus vor Witterungseinflüssen.

In diesem Nebengebäude wurde gebacken und gewaschen.

Salziger Hefeteig

500 g Mehl
20 g Hefe
250 ml Milch
60 g Butter oder Öl
1 Ei
Salz

Etwas Mehl in eine Schüssel sieben, in die Mitte eine Vertiefung drücken und darin die Hefe mit der leicht erwärmten Milch zu einem glatten Teig anrühren. Die Schüssel mit einem Tuch abdecken und den Vorteig an einem warmen Ort gehen lassen. Die restlichen Zutaten dazugeben und das Mehl einarbeiten. Weiterkneten, bis sich der Teig von der Schüssel und von den Händen löst. Den Teig nochmals gehen lassen, dann weiterverarbeiten.

Quarkblätterteig

250 g Mehl
250 g Butter
250 g Quark

Alle Zutaten zu einem glatten Teig verkneten und zwei Stunden ins Kalte stellen. Dann zu einem Rechteck auswellen, gedrittelt zusammenklappen und wieder auswellen. Diesen Vorgang dreimal wiederholen. So entstehen viele dünne Teigschichten, die den Teig locker und blättrig machen.

Einfacher Teig für salzige Kuchen

250 g Mehl
80 g Butter
1 TL Salz
100 ml Wasser
1 TL Essig

Mehl, Butter in Flöckchen und Salz zusammenreiben, Wasser und Essig zugeben und verkneten. Den Teig gut eine Stunde ruhen lassen.

Pizzateig

280 g Mehl
20 g Hefe
1 gestrichener TL Salz
2 EL Olivenöl
etwas lauwarmes Wasser

Hefe in warmem Wasser auflösen und mit den Zutaten zu einem weichen Teig verkneten. 30 Minuten gehen lassen.

Blootze und Kuchen

Salzblootz

Boden: Seite 102 und 105

200 g Sauerrahm
100 ml süße Sahne
4 Eier
Salz, Kümmel

Alle Zutaten verquirlen und auf dem Teig verteilen. Butterflöckchen darübergeben.

Dinnete

So heißt der Blootz im schwäbischen Oberland.
Boden: Seite 105

100 g Mehl
400 g Sauerrahm
2–3 Eier
1 Zwiebel
Schnittlauch oder Lauchzwiebeln, im Winter Lauch
200 g gerauchter Bauch
Salz, Pfeffer, Kümmel, Knoblauch nach Belieben

Mehl, Rahm und Eier verrühren. Zwiebel schneiden, in Butter andünsten und mit dem klein geschnittenen Gemüse und dem Rahm vermischen. Auf dem Teigboden verteilen. Zum Schluss Speck und Kümmel darübergeben.
Backzeit: 8–10 Minuten bei 240 Grad.

Lauchkuchen

Boden: Geriebener Mürbteig, Seite 102

3 mitteldicke Stangen Lauch
60 g Butter
etwas Bouillon
1 Tasse gewürfelter Schinken oder Räucherspeck
Salz, Pfeffer
200 ml süße Sahne
2 Eier
Salz, Muskat
150 g geriebener Greyerzer Käse

Lauch waschen und in dünne Scheiben schneiden. Lauchringe und Schinken oder Speck in Butter andünsten und mit Bouillon ablöschen. Etwa 8 Minuten bei geschlossenem Deckel garen lassen. Mit Salz und Pfeffer abschmecken und auskühlen lassen. Die Sahne mit den Eiern, dem Käse, Salz und Muskat verquirlen. Mit dem Lauch vermischen und auf den Teig geben. Mit Butterflöckchen belegen.
Backzeit: 40 Minuten bei 200 Grad.

Griebenblootz

Boden: Seite 105

400 g Sauerrahm
1 EL Milch
2 Eier
½–1 Tasse Grieben
fein geschnittene Zwiebeln und Kümmel nach Belieben

Sahne, Mehl und Eier miteinander verquirlen und auf dem Teig verteilen. Mit Grieben und beliebig mit Zwiebeln und Kümmel bestreuen.
Backzeit: 30 Minuten bei 200 Grad.

Kartoffelkuchen

Boden: Seite 105

1 kg fein geriebene Kartoffeln, am Vortag gekocht
250 g Quark 40 %
200 ml Sauerrahm
1 EL Mehl
3 Eier
50 g zerlassene Butter
200 ml süße Sahne
Salz, Pfeffer, Muskat

Kartoffeln mit dem Quark, dem Sauerrahm, der Butter und dem Mehl mischen. Die Eier trennen. Zwei Eigelb unter die Masse rühren, ein Eigelb für den Guss beiseite stellen. Die drei Eiweiß zu Schnee schlagen, unter die Masse ziehen und mit Salz, Muskat und Pfeffer abschmecken. Auf dem Teig verteilen. Für den Guss die süße Sahne mit dem Eigelb verrühren, salzen und über die Masse gießen.
Backzeit: 45 Minuten bei 200 Grad.

Flammblootz

Boden: Seite 105

400 g Sauerrahm
3 Eier
Salz und Kümmel
Zum Belegen: Butter
Nach Belieben: klein geschnittener geräuchter Speck

Sauerrahm und Eier verquirlen, schwach salzen und auf dem Teig verteilen. Mit Kümmel und nach Belieben Speckwürfeln bestreuen und mit Butterflöckchen belegen.
Backzeit: 30 Minuten bei 200 Grad.

Kartoffelblootz

Boden: Seite 105

750 g gekochte, geriebene Kartoffeln
2 EL Mehl
2 EL zerlassene Butter
2 Eier
400 g Sauerrahm
etwas Salz und Pfeffer

Zutaten in der genannten Reihenfolge zu einer glatten Masse verrühren, auf den Teig geben und mit Butterflöckchen belegen.
Backzeit: etwa 30 Minuten bei 200 Grad.

Spinat-Champignon-Kuchen

Boden: Seite 105

750 g frischer Spinat, blanchiert und abgetropft
3 EL Olivenöl oder flüssige Butter
1 große fein gehackte Zwiebel
250 g Champignons, blättrig geschnitten
200 ml süße Sahne
3 Eier
1 Knoblauchzehe, durchgepresst
Salz, Pfeffer, Muskat
50 g Reibkäse

Eier mit Sahne verquirlen, übrige Zutaten zufügen und auf den Boden geben. Mit Butterflöckchen belegen.
Backzeit: 40 Minuten bei 200 Grad.

Zwiebelkuchen

Boden: Seite 105

1 kg Zwiebeln
60 g Fett
100 g gewürfelter Speck
200 g Sauerrahm
60 g Mehl
2–3 Eier
Salz und Kümmel

Speck und Zwiebeln würfeln und beides in Fett andünsten. Abkühlen lassen und den Rahm, das Mehl und die Eier unterziehen. Mit Salz und Kümmel abschmecken und die Masse auf den Teig geben. Mit Butterflöckchen belegen.
Backzeit: 40–50 Minuten bei 200 Grad.

Schinkenpastete

Boden:
400 g Mehl
200 g Butter
7 EL Wasser
1 Prise Salz
Fülle:
500 g Schinken gewürfelt
200 ml süße Sahne
3 Eier
1 Gläschen Portwein
Pfeffer, Salz
80 g Rosinen nach Belieben

Einen Mürbteig herstellen, zwei Drittel davon abnehmen, dünn auswellen und eine gefettete Springform auslegen. Die Schinkenmasse darauf verteilen, den restlichen Teig auswellen und auf die Masse legen. Mit Eigelb bestreichen.
Backzeit: 50 Minuten bei 200 Grad.

Grüner Speckkuchen

Boden: Seite 105

4 Eier
2 EL Mehl
200 ml Sauerrahm
200 ml süße Sahne, geschlagen
1 Bund Schnittlauch in Röllchen
1 Sträußchen Petersilie, gehackt
150 g Bauchspeck, geschnitten
Außerdem:
20 g zerlassene Butter
1 fein geschnittene Zwiebel

Die Zutaten verrühren und auf dem Teig verteilen. Zerlassene Butter und Zwiebelringe daraufgeben.
Backzeit: 40 Minuten bei 200 Grad.

Petersilien-, Schnittlauch- oder Lauchzwiebelblootz

Boden: Seite 105

400 g Sauerrahm
2 Eier
2 EL Mehl
etwas Salz
reichlich Petersilie, Schnittlauch oder einen Bund Lauchzwiebeln, gewaschen und in schmale Ringe geschnitten

Rahm, Eier und Mehl verrühren und auf den Teig geben. Grünes daraufstreuen und mit Butterflöckchen belegen.
Backzeit: 20 Minuten bei 200 Grad.

Schinkenkuchen

Boden: Seite 102

200 g Schinken
200 g Emmentaler Käse
200 g Sauerrahm
1 TL Paprikapulver
4 Eier

Schinken und Käse würfeln und mit den übrigen Zutaten vermischen.

Masse auf den Teig streichen und mit Butterflöckchen belegen.
Backzeit: 40 Minuten bei 200 Grad.

Krautkuchen

Boden: Seite 105

1 kg fein gehobeltes Weißkraut
2 Zwiebeln
60 g Butter
2 Eier
2 EL Mehl
200 g Sauerrahm
1 Tasse Speckwürfel
Salz, Pfeffer, gemahlener Kümmel

Kraut und fein geschnittene Zwiebeln in der Butter halb weich dämpfen und abkühlen lassen. Eier, Mehl und Sauerrahm verrühren und mit dem Kraut mischen. Mit den Gewürzen abschmecken und auf dem Teig verteilen. Speckwürfel darüber streuen.
Backzeit: 40 Minuten bei 200 Grad.

Quiche Lorraine

Boden: Geriebener Mürbteig Seite 102

150 g Schinkenspeck
250 g Emmentaler
3 Eier
Salz, Pfeffer, Muskat

Den Schinkenspeck und den Käse in dünne Scheiben schneiden und schichtweise auf den Boden legen. Die Eier mit den Gewürzen verquirlen, über den Kuchen gießen und backen.
Backzeit: 20–30 Minuten bei 200 Grad.

Elsässer Bäckerofen

Am Schluss steht ein Gericht, das die Hausfrauen im Elsass, in der Pfalz und in Baden gern am Tag des Hausputzes zubereiteten, da es wenig Arbeit macht. Es wurde zu Hause vorbereitet und dann zum Bäcker gebracht, der es nach dem Brot in den Ofen schob.

400 g Schweineschulter
400 g Hammelschulter
3 große Zwiebeln
Schweineschmalz zum Einfetten der Form
1 kg Kartoffeln
Salz, Pfeffer
etwas Butter
250 ml Weißwein

Das Fleisch von den Knochen lösen und in kleine Stücke schneiden. Zwiebeln und Kartoffeln schälen und in dünne Scheiben schneiden. Eine feuerfeste Form, die auch auf die Herdplatte gestellt werden kann, einfetten, mit Zwiebeln auslegen und eine Lage Kartoffeln daraufgeben. Salzen und pfeffern. Dann mit Fleischstücken zudecken und diese ebenfalls würzen. So Schicht um Schicht auflegen, bis die Form gefüllt ist, letzte Schicht Kartoffeln. Butterflöckchen darauf verteilen und mit dem Wein übergießen. Auf der Herdplatte zum Kochen bringen, dann in den Ofen stellen.
Backzeit: 1,5–2 Stunden bei 220 Grad.

Pizza

Die klassische Pizza hat einen Boden aus Hefeteig und wird als Fladen gebacken, das heißt, der Teig wird rund ausgewellt und der Rand etwas dicker gezogen. Er wird nicht in eine Backform gegeben, sondern liegt frei auf einem großen Backblech. Backt man zwei kleinere Pizzen nebeneinander auf einem Blech, sollten sie sich nicht berühren. Einfacher geht es, wenn eine runde oder rechteckige Backform ganz mit Teig ausgelegt wird.

Für Gemüsepizzen bieten sich unzählige Möglichkeiten. Man wählt aus Tomaten, Zucchini, Champignons, Paprika, Zwiebeln, Auberginen, Möhren, Lauchzwiebeln mehrere Gemüse aus, wäscht, putzt und schneidet sie und verteilt sie dann auf dem Teigboden.

Vorher andünsten: Spinat, Mangold, Blumenkohl, Broccoli, Lauch.

Das Gemüse wird mit Salz und Pfeffer gewürzt, dazu kommen gehackter Knoblauch, Oregano und Thymian, nach Belieben Salamischeiben, Schinkenstreifen, Oliven und zum Schluss Mozzarella oder geriebener Käse. Etwas Olivenöl darüber träufeln.
Backzeit: etwa 30 Minuten bei 250 Grad. Gegen Ende der Backzeit empfiehlt es sich, die Pizza mit Alufolie oder Backpapier abzudecken, damit sie nicht austrocknet.

Neben diesen Pizzen „Marke Eigenbau“, die mit viel Fantasie zubereitet werden können, finden Sie hier einige klassische Zusammenstellungen.

Pizza mit Mozzarella

Boden: Pizzateig Seite 105

400 g Tomaten
300 g Mozzarella-Käse
2 Knoblauchzehen
2 Zweige Basilikum
Olivenöl, Salz, schwarzer Pfeffer

Die Tomaten in kochend heißes Wasser legen, nach 2 Minuten herausnehmen, abkühlen lassen und die Haut abziehen. In Scheiben schneiden, dabei Stielansätze entfernen. Knoblauch schälen und fein würfeln. Käse in Scheiben schneiden. Basilikum waschen, Blättchen abzupfen und klein schneiden. Teig zu zwei runden Fladen ausrollen. Mit den Tomaten und den Käsescheiben belegen, Basilikum und Knoblauch darübergeben, mit Olivenöl beträufeln, salzen und pfeffern.
Backzeit: 25 Minuten bei 200 Grad.

Pizza mit Sardellen

Boden: Pizzateig Seite 105

400 g Tomaten
250 g Mozzarella
100 g durchwachsener Speck
1 große Zwiebel
etwa 20 schwarze Oliven
8 Sardellenfilets

Thymian, Oregano, Basilikum, frisch oder getrocknet
schwarzer Pfeffer, Olivenöl

Tomaten häuten wie oben beschrieben, in Scheiben schneiden und auf dem Teig auslegen. Den Speck in Streifen, den Käse in Scheiben, die Zwiebel in feine Ringe schneiden und alles auf dem Teig verteilen. Mit Sardellen belegen und mit den Gewürzen bestreuen.
Backzeit: 25 Minuten bei 200 Grad.

Pizza mit Pilzen

Boden: Pizzateig Seite 105

200 g Pilze
100 g roher Schinken
100 g Schweizer Käse
1 Bund Petersilie
Salz, schwarzer Pfeffer, Olivenöl

Die Pilze putzen, waschen und blättrig schneiden. Petersilie waschen und fein schneiden, Schinken in dünne Streifen schneiden. Alles auf dem Teigboden verteilen. Käse fein reiben und darüber streuen. Mit Salz und Pfeffer würzen und mit Öl beträufeln.
Backzeit: 30 Minuten bei 200 Grad.

Pizza Tradizionale

Boden: Pizzateig Seite 105

2 Knoblauchzehen
6 EL Olivenöl
200 g frische, möglichst kleine Champignons
einige schwarze Oliven
einige Peperoni
450 g geschälte Tomaten in Stücken
200 g Hartkäse
125 g Salami in Scheiben
Oregano, Salz, Pfeffer

Die Knoblauchzehen schälen, durchpressen und mit 2 Esslöffeln Öl verrühren. Pilze waschen, putzen und blättrig schneiden. Oliven und Peperoni abtropfen lassen, Käse grob reiben. Teig mit dem Knoblauchöl bestreichen und Tomatenstücke darauf verteilen. Mit Pilzen, Peperoni und Oliven belegen. Salz, Pfeffer und Oregano aufstreuen und mit den Salamischeiben belegen. Zum Schluss Käse darübergeben und mit Olivenöl beträufeln.
Backzeit: 20 Minuten bei 200 Grad.

Broccoli-Speck-Pizza

Boden: Pizzateig Seite 105

750 g Broccoli
100 g durchwachsener Speck
2 Eigelb
100 g Crème fraîche
Öl, Salz, Pfeffer
1 Knoblauchzehe

Broccoli gründlich waschen, in Röschen zerteilen, Stängel in kleine Stücke schneiden und alles weichdünsten. In ein Sieb schütten und abtropfen lassen. Speck würfeln und ausbraten. Die Sahne mit Eigelb und Knoblauch verrühren und mit Salz und Pfeffer abschmecken. Den Broccoli auf den Teig legen, den Speck darauf verteilen und die Sahne-Ei-Masse darübergeben.
Backzeit: 30 Minuten bei 200 Grad.

Süße Blootze und Kuchen

Am Backtag nahm man als Boden für die süßen Blootze etwas vom Weißbrotteig weg. Neben diesem Hefeteig eignen sich die folgenden hier aufgeführten Teige für süße Beläge.

Süßer Hefeteig

500 g Mehl
40 g Hefe
200 ml lauwarme Milch
80 g Butter
2 EL Öl
50 g Zucker
1 Prise Salz
abgeriebene Zitronenschale

Das Mehl in eine Schüssel sieben. Hefe mit einem Teil der Milch anrühren und in eine Mulde im Mehl einrühren. Zugedeckt warmstellen und 15 Minuten ruhen lassen. Die übrigen Zutaten einarbeiten und den Teig so lange kneten, bis er glatt und blasig ist und sich von der Schüssel löst. 30 Minuten gehen lassen, dann weiterverarbeiten.

Quarkblätterteig

Dieser geschmacksneutrale Teig eignet sich für salzige und süße Kuchen. Rezept Seite 105

Mürbteig

400 g Mehl
200 g Butter
80 g Zucker
2 Eier
2 TL Backpulver
1 Messerspitze Salz

Mehl, Backpulver und Salz in eine Schüssel geben. Eine Mulde darin bilden, den Zucker und die Eier hineingeben und ringsherum die Butter in kleinen Stücken verteilen. Alles rasch zu einem geschmeidigen Teig verkneten und vor dem Auswellen eine halbe Stunde kaltstellen.

Klumpenblootz

Boden: süßer Hefeteig

2 l Milch
1,5 l Sauermilch
5 EL Mehl
5 Eier
1 EL Zitronensaft
3 EL Zucker
250 ml Sauerrahm
Rosinen nach Belieben
Zucker und Zimt
Butterflöckchen

2 l Milch langsam zum Kochen bringen, dann die Herdplatte auf die niedrigste Stufe schalten. 1–1,5 l Sauer-

Damit der Klumpenblootz eine goldgelbe Farbe bekommt, wird er vor dem Backen mit etwas Safran bestreut.

milch, 3 Esslöffel Mehl, 3 Eier und den Zitronensaft zusammenrühren und langsam in die kochende Milch einlaufen lassen. Wenig rühren und keinesfalls kochen lassen! Die Masse eine Stunde auf der ausgeschalteten Herdplatte stehen lassen und danach etwa 3 Stunden kaltstellen. Anschließend gibt man sie in ein dünnes Tuch, bindet dieses oben zu und hängt es, am besten über Nacht, an einem Stock oder Ähnlichem auf, sodass die Flüssigkeit ablaufen kann.

Am nächsten Tag rührt man nochmals 2 Eier, 2 Esslöffel Mehl, den Zucker und den Sauerrahm ein. Diese Masse verteilt man auf zwei dünn ausgewellte Hefeteigböden, auf die vorher nach Belieben eine Hand voll Rosinen gegeben wird. Die Klumpenblootze werden zum Schluss mit Zucker und Zimt bestreut und mit Butterflöckchen belegt.

Backzeit: 15–20 Minuten bei 200 Grad.

Süßer Kartoffelblootz

Boden: Seite 113

500 g geriebene Kartoffeln, am Vortag gekocht
400 g Sauerrahm oder knapp 500 ml Sauermilch
50 g Zucker
1–2 Eier getrennt
Saft und abgeriebene Schale einer halben Zitrone
Zucker und Zimt
Butterflöckchen

Eigelb und Zucker schaumig rühren, die übrigen Zutaten untermengen, zuletzt den Eischnee. Auf den Teig geben, mit Zimtzucker bestreuen und mit Butterflöckchen belegen.
Backzeit: 20 Minuten bei 200 Grad.

Zuckerblootz

Boden: süßer Hefeteig Seite 112

süße Sahne
Zucker

Bei Kindern einst sehr beliebt war dieser einfache Blootz, bei dem der dünn ausgewellte Hefeteig mit Sahne bestrichen und dick mit Zucker bestreut wird. Beim Backen zerläuft der Zucker und bildet eine Kruste.
Backzeit: 20 Minuten bei 180 Grad.

Rahmzuckerblootz

Boden: Seite 112

250 g Quark
250 ml süße Sahne
2 EL Zucker
2 EL Mehl
2 Eier

Zum Bestreuen:
Zucker und Zimt
etwas Butter

Alle Zutaten verrühren und auf den Teig streichen, mit Zimtzucker bestreuen und mit Butterflöckchen belegen.
Backzeit: 15 Minuten bei 200 Grad.

Sauermilchblootz

Boden: Seite 112

4 Eier
80 g Zucker
80 g Mehl
1 l Sauermilch
abgeriebene Schale von ½ Zitrone

Eier und Zucker schaumig rühren. Mehl, Sauermilch und Zitronenschale zugeben. Die Masse auf den Teig geben und mit Butterflöckchen belegen.
Backzeit: 20–25 Minuten bei 200 Grad.

Noch ein Sauermilchblootz

2 EL Butter
2 EL Zucker
2–3 Eier
500 ml Sauermilch
1 Päckchen Vanillezucker
2–3 EL süße Sahne
2 EL Mehl und nach Belieben Sultaninen

Zutaten verrühren und auf den Boden geben. Mit Butterflöckchen belegen.
Backzeit: 20–25 Minuten bei 200 Grad.

Grießblootz

Boden: Seite 112

1,25 l Milch
200 g Grieß
etwas Salz
3–4 Eier
100 g Zucker

Bekannt und beliebt: Apfelblootz mit Rahmguss.

Die Milch zum Kochen bringen, Grieß, Salz und Zucker zugeben und einen dicken Grießbrei kochen. Abkühlen lassen und die Eier einrühren. Die Masse auf den Teig geben und mit Butterflöckchen belegen.
Backzeit: 20 Minuten bei 200 Grad.

Apfelblootz

Die Äpfel werden geschält, entkernt, in Spalten geschnitten und auf dem mit Teig ausgelegten Backblech verteilt. Darüber kommt ein Guss.

Rahmguss
3 Eier getrennt
2 EL Zucker
1 Päckchen Vanillezucker oder
1 Messerspitze Vanille
200 ml Sauerrahm oder
200 ml süße Sahne

Eigelb, Zucker und Vanillezucker schaumig rühren und die Sahne zugeben.
Eiweiß steif schlagen, unter die Masse heben und diese auf den Äpfeln verteilen.

Quarkguss
4 Eier getrennt
100 g Zucker
1 Päckchen Vanillezucker
250 g Quark
200 ml Sauerrahm

Eiweiß steif schlagen und den Zucker einrieseln lassen. Die Eigelbe, den Quark und den Sauerrahm unterrühren. Die Masse auf den vorbereiteten Äpfeln verteilen.

Kartoffelguss
3 Eier getrennt
60 g Butter

150 g Zucker
125 g gekochte, geriebene Kartoffeln
60 g gemahlene Haselnüsse oder Mandeln
4 EL Süß- oder Sauerrahm
Zimt

Eigelb, Butter und Zucker schaumig rühren. Kartoffeln, Nüsse, Rahm und Zimt zugeben. Eiweiß zu steifem Schnee schlagen, unter die Masse heben und auf den Äpfeln verteilen. Mit Butterflöckchen belegen.
Backzeit für Apfelkuchen: 40 Minuten bei 180–200 Grad.

Zwetschgenblootz

Zwetschgen waschen, entsteinen und schuppenförmig auf dem Kuchenboden auslegen. Darauf passen Butter- oder Schwarzbrotstreusel.

Butterstreusel
250 g Butter
250 g Zucker
250 g Mehl

Die Zutaten zu einer bröseligen Masse zusammenkneten und auf den Zwetschgen verteilen.

Schwarzbrotstreusel
2 Scheiben Schwarzbrot
100 g Zucker
etwas Zimt
Butterflöckchen

Vom Brot die Rinde entfernen. Die Scheiben mit dem Zucker zwischen den Händen verreiben, sodass eine krümelige Masse entsteht. Zimt zugeben und die Brösel auf den Zwetschgen verteilen.
Backzeit für Zwetschgenkuchen: 40 Minuten bei 180–200 Grad.

Hefezopf

500 g Mehl
40 g Hefe
80 g Zucker
80 g Butter
200 g saure Sahne
2 Eier
200 ml Milch

Aus den Zutaten einen Hefeteig zubereiten und eine halbe Stunde gehen lassen. Dann den Teig in drei Teile teilen, diese zu Strängen formen und zu einem Zopf flechten. Auf ein gefettetes Backblech legen und noch einmal 15 Minuten gehen lassen. Mit Eigelb bestreichen und mit Zucker bestreuen.
Backzeit: 60 Minuten bei 175 Grad.

Schwäbischer Kranz

Teig:
350 g Mehl
40 g Hefe
2 EL Honig
125 ml lauwarme Milch
3 Eigelb
2 EL Rum
abgeriebene Schale einer halben Zitrone
etwas Vanille
100 g Butter

Aus den Zutaten einen Hefeteig bereiten und eine Stunde zugedeckt gehen

Hier entstehen Weißbrot und Hefezopf für Festtage.

lassen. In der Zwischenzeit die Füllung herstellen.

Füllung:
50 g Rosinen
400–500 g gemahlene Haselnüsse, Walnüsse oder Mandeln
etwa 80 g Zucker
etwa 7 EL Milch

Den Teig in drei gleich große Stücke aufteilen und jedes zu einem rechteckigen, etwa 1 cm dicken Streifen auswellen. Darauf die Fülle verteilen und aufrollen. Aus den drei Strängen nun einen Zopf flechten, diesen auf ein gut gefettetes rundes Backblech legen, sodass die beiden Teigenden zusammenstoßen. Nochmals 30 Minuten gehen lassen.

Für den Guss 1 Eigelb mit etwas Milch verquirlen und den Kranz damit bestreichen.
Backzeit: 40–50 Minuten bei 180 Grad.

Ländlicher Butterkuchen

1 kg Mehl
80 g Hefe
knapp 500 ml lauwarme Milch
430 g Zucker
450 g Butter
1 Prise Salz
2 Eier
1 EL Zimt
200–400 ml süße Sahne

Zwei Blootzbleche einfetten. Das Mehl in eine Schüssel sieben, die Hefe mit etwas Milch, etwas Zucker und etwas Mehl hineinrühren und 15 Minuten gehen lassen. 200 g Butter schmelzen, die restliche Butter kaltstellen. 125 g Zucker, das Salz, die Eier, die geschmolzene Butter und die restliche Milch zum Vorteig geben und alles mit dem gesamten Mehl zu einem Hefeteig schlagen. 15 Minuten gehen lassen. Den Backofen auf 250 Grad vorheizen. Den Teig auswellen und auf die Bleche legen. Mit den Fingerspitzen Löcher in den Teig drücken und die kalte Butter in Flöckchen hineinsetzen. Die Butter dick mit Zimtzucker bestreuen.
Backzeit: 25 Minuten bei 180 Grad. Die noch heißen Kuchen mit der süßen Sahne bepinseln oder beträufeln. Erkalten lassen und in schmale Streifen schneiden.

Rosenkuchen

Teig:
500 g Mehl
20 g Hefe
250 ml Milch
80 g Zucker
80 g Butter
1 Ei
1 Prise Salz
Füllung:
2 Eiweiß
60 g Zucker
100 g Nüsse, fein gemahlen
100 g Nüsse, grob gemahlen
100 g Rosinen, in Rum eingeweicht
1 Packung Rohmarzipan, fein gewürfelt
Zimt

Hefeteig herstellen, nach dem zweiten Gehen auf dem Arbeitstisch dünn auswellen und mit 2–3 Esslöffeln zerlassener Butter bestreichen. Für die Füllung

sämtliche Zutaten vermengen, die Masse auf dem Teig verteilen und zu einer Rolle aufwickeln. In etwa 2 cm dicke Scheiben schneiden. Eine Springform oder runde, feuerfeste Keramikform einfetten und die „Schnecken“ mit der Schnittfläche nach oben dicht an dicht einsetzen. Mit Butterflöckchen belegen.
Backzeit: 30–40 Minuten bei 180 Grad.

Pfitzauf

500 g Mehl
1 l Milch
50 g Zucker
4–6 Eier
100 g zerlassene Butter
1 Prise Salz
Zucker und Zimt

Mehl mit der Milch glattrühren, dann Zucker, Salz, Eier und zuletzt die zerlassene Butter zugeben. 16–20 gut gefettete Pfitzaufförmchen zur Hälfte füllen.
Backzeit: 30 Minuten bei 180 Grad. Nach dem Backen mit Zucker und Zimt bestreuen und sofort servieren, da Pfitzauf sehr schnell zusammenfällt. Pfitzauf schmeckt gut zu Kompott; man kann aber auch den Zucker weglassen und Salat oder Gemüse dazu reichen.

Zimtnudeln

500 g Mehl
20 g Hefe
1 Prise Salz
etwa 250 ml Milch
2 Eier
80 g Butter
60 g Zucker
abgeriebene Schale einer Zitrone
Zum Bestreichen:
50 g zerlassene Butter
Zucker
Zimt

Aus den Zutaten einen Hefeteig herstellen, Stücke in knapp Tennisballgröße abstechen und auf einem Brett gehen lassen. Die Nudeln in der zerlassenen Butter und Zimtzucker wälzen und in eine gebutterte Auflaufform setzen.
Backzeit: 30 Minuten bei 180 Grad. Nach dem Backen noch einmal mit flüssiger Butter bestreichen. Dazu passt Kompott oder eine Weinschaumsoße.

Ofennudeln

Sie werden aus demselben Teig hergestellt. Nach dem Kneten etwa 15 Laibchen formen und auf ein gefettetes Blech setzen. Gehen lassen, dann mit Eigelb bestreichen und mit grobem Zucker oder gehackten Mandeln bestreuen.
Backzeit: 30 Minuten bei 180 Grad.

Flachswickel

500 g Mehl
250 g Butter
40 g Hefe
1 Ei
1 Prise Salz

Die Ähnlichkeit mit gedrehten Flachssträngen gab den Flachswickeln ihren Namen.

4 EL Milch
Zucker zum Auswellen

Hefeteig herstellen und 15 Minuten gehen lassen. Dann den Teig auf Zucker in fingerdicke, etwa 15 cm lange Stränge ausrollen. Diese hufeisenförmig auf das Backbrett legen und zweimal zu „Flachswickeln" zusammendrehen. Auf ein gefettetes Blech geben und noch einmal 10 Minuten gehen lassen.
Backzeit: 15 Minuten bei 180 Grad.

Elsässer Gugelhupf

1 kg Mehl
½ TL Salz
40 g Hefe
125 g Zucker
knapp 500 ml lauwarme Milch
375 g Butter
4 Eier
150 g Sultaninen
eine Hand voll ganze Mandeln, geschält
Puderzucker

Aus den Zutaten einen Hefeteig herstellen. Eine Gugelhupfform fetten und auf den Boden und in jede Rille aufwärts einige Mandeln legen. Den Teig einfüllen und noch einmal gehen lassen.
Backzeit: etwa 50 Minuten bei 175–200 Grad.

Nach dem Erkalten mit Puderzucker bestäuben.

Den aufgeschnittenen Kuchen mit einem Band zusammenhalten, damit die Scheiben nicht auseinanderfallen.

Streuselkuchen

Boden: süßer Hefeteig Seite 113

250 g Mehl
250 g Zucker
250 g Butter

Den Hefeteig auf dem mit Backpapier belegten oder gefetteten Blech ausrollen. Zugedeckt noch einmal eine halbe Stunde gehen lassen. Aus Mehl, Zucker und Butter mit dem Knethaken des Rührgeräts Streusel bereiten. Wenn nötig, mit den Fingern zerkrümeln. Streusel auf dem Teig verteilen.
Backzeit: 30 Minuten bei 180–200 Grad.

Hutzelbrot (Schnitzbrot, Früchtebrot)

500 g Hutzeln
500 g getrocknete Pflaumen
60 g Hefe
1 kg Mehl
250 g brauner Zucker
500 g Feigen
125 g Orangeat gewürfelt
125 g Zitronat gewürfelt
250 g ganze Haselnüsse
250 g Mandeln, ungeschält, gemahlen
250 g Sultaninen
250 g Korinthen
50 g Zimt
1 EL Anis
1 große Prise Salz

Pflaumen und Birnen über Nacht einweichen, sehr harte Birnen vor dem Einweichen kurz aufkochen. Am Morgen die Früchte auf ein Sieb schütten und die Brühe auffangen. Pflaumen entsteinen, Birnen sorgfältig entstielen. Die Früchte grob würfeln. Mit etwas angewärmter Brühe und der Hefe, etwas Mehl und Zucker einen Vorteig ansetzen. Sobald er gegangen ist, das Mehl und nach und nach sämtliche anderen Zutaten darunterarbeiten, dabei nach Bedarf von der Einweichbrühe zugeben. Den Teig gut zusammenschlagen, mit Mehl bestäuben und zugedeckt an einem warmen Ort gehen lassen. Sobald das Mehl Risse bekommt, den Teig auf dem Brett zusammenwirken. Stücke von etwa 600 g abwiegen und zu Laiben formen. Die Teigmenge ergibt sechs Laibe. Über Nacht stehen lassen und am anderen Morgen bei 200 Grad 40–50 Minuten backen. Noch warm mit etwas aufgehobenem Schnitzwasser bestreichen. Nach einigen Tagen anschneiden. Kühl gelagert hält es sich lange.

Apfelbrot

750 g Äpfel, geschält, entkernt und fein geraspelt
250 g Zucker
250 g Sultaninen
125 g ganze ungeschälte Mandeln
1 EL Kakao
1 EL Rum oder Schnaps
1 Päckchen Lebkuchengewürz
500 g Mehl
1 ½ TL Backpulver

Die Äpfel mit dem Zucker mischen und über Nacht stehen lassen. Die übrigen Zutaten dazugeben und die Masse in zwei gefettete Kastenformen einfüllen.
Backzeit: etwa 60 Minuten bei 175 Grad.

Springerle sind ein traditionelles Weihnachtsgebäck in Süddeutschland, früher wurden sie auch zu Taufen und Hochzeiten gebacken.

Von Generation zu Generation wurden Springerlesmodel weitervererbt.

Springerle

4 Eier
500 g Puderzucker
1 EL Rum
1 Prise Hirschhornsalz
abgeriebene Schale einer Zitrone
1 Prise Salz
500 g Mehl
2 EL Anis
Mehl zum Bestäuben

Eier und Zucker schaumig rühren. Hirschhornsalz im Rum auflösen und mit der Zitronenschale und dem Salz dazugeben. Das Mehl unterrühren und den Teig gut durchkneten. 3 Stunden kaltstellen. Dann auf der bemehlten Arbeitsfläche kleine Portionen etwa 1 cm dick ausrollen und den bemehlten Model fest aufdrücken. Mit Teigrädchen oder Messer den Rand ringsum abschneiden und das Springerle mit einem breiten Messer auf das gefettete und mit Anis bestreute Blech setzen. Zudecken und 12 Stunden kaltstellen, dann erst ausbacken.

Backzeit: 30 Minuten bei 160 Grad. Die Springerle sollen weiß bleiben, also eventuell nach der halben Backzeit mit Pergamentpapier abdecken.

Service

Bezugsquellen

Blöchle Teigwarengeräte
Annette Blöchle
Oberes Dorf 31, 72175 Dornhan
Telefon: 07455/9 14 62–50
Fax: 07455/9 14 62–51
E-Mail: info@teigwarengeraete.de
www.teigwarengeräte.de
Händler für verschiedene Hersteller.
Holzbacköfen, Elektrobacköfen, Teigknetmaschinen, Geräte und Zubehör.

Karl-Heinz Häussler GmbH
Nussbaumweg 1, 88499 Heiligkreuztal
Telefon: 07371/93 77–0
Fax: 07371/93 77–40
E-Mail: info@Backdorf.de
www.haeussler-gmbh.de
Holzbrotbacköfen, Elektrosteinbacköfen, Getreidemühlen, Geräte und Zubehör, Backkurse, Teigknetmaschinen.

MANZ Backtechnik GmbH
Münster 124, 97993 Creglingen
Telefon: 07933/91 40–0
Fax: 07933/91 40–99
E-Mail: info@der-manz.de
www.der-manz.de
Elektrobacköfen für die Normküche.

Oberacker Natur und Technik
Schulstr. 24, 76351 Linkenheim-Hochstetten
Telefon: 07247/96 30 90
Fax: 07247/96 30 91
E-Mail: info@oberacker.de
www.oberacker.de
Holzbrotbacköfen, Bausätze, Backkurse, Getreidemühlen, Teigknetmaschinen, Zubehör.

Pasta-Noris, Otto Dursch
Elsa-Brandström-Straße 68, 90431 Nürnberg
Telefon: 0911/65 14 58
Fax: 0911/61 65 96
E-Mail: shop@pastanoris.de
www.pastanoris.de
Holzbrotbacköfen, fahrbar und Einbau, Elektrobacköfen, Getreidemühlen, Knetmaschinen, Backgeräte.

Schnitzer GmbH & Co. KG
Marlener Straße 9, 77656 Offenburg
Telefon: 0781/5 04 75 00
Fax: 0781/5 04 75 09
E-Mail: info@schnitzer.eu
www.schnitzer.eu
Getreidemühlen, Backgeräte.

Zum Weiterlesen

Aebi, Ruth L.: Unser Brot. Schweizer Verlagshaus, Zürich 1990

5000 Jahre Backofen. Schriftenreihe des deutschen Brotmuseums Ulm/Donau, Folge 11, Ulm 1977

Bopp, Doris: Landfrauen backen. Verlag Eugen Ulmer, 2017

Bringemayer, Martha (Hrsg.): Vom Brotbacken in früherer Zeit. Archiv für westfälische Volkskunde, Münster 1961

Dähncke, Rose Marie: Brot, das jeder backen kann. AT Verlag Aarau – Stuttgart, Aarau 1992

Delacrétaz, Pierre: Les vieux fours à pain. Editions Cabédita, Yens-S./Morges 1993

Eckert, Anneliese und Gerhard: Die große farbige Vollkornbackstube. Vehling Verlag, Werl i. W. 1988

Frank, Almut: Das Backhaus auf dem Bauernhof. In: Der Haalquell. Blätter für Heimatkunde des Haller Landes Nr. 3–5, 22. Jahrgang, hrsg. v. Haller Tagblatt, Schwäbisch Hall 1970

Heinrich, Brigitte: Landfrauen kochen. Traditionsrezepte aus Württemberg. Verlag Eugen Ulmer, Stuttgart 2010

Kaiser, Hermann: Das alltägliche Brot. Hrsg.: Museumsdorf Cloppenburg, Niedersächsisches Freilichtmuseum, Cloppenburg 1989

Mattes, Wilhelm (Hrsg.): Öhringer Heimatbuch. Nachdruck der Originalausgabe von 1929. Hohenlohe'sche Buchhandlung Rau, Öhringen 1987

Mayer, Johann Friedrich: Lehrbuch für die Land- und Hauswirthe ... Faksimiledruck der 1773 in Nürnberg erschienenen Ausgabe. Schwäbisch Hall 1980

Rosegger, Peter: Als ich noch der Waldbauernbub war. L. Staackmann Verlag, München o. J.

Schumm, Karl und Marianne (Hrsg.): Hohenlohische Dorfordnungen. Bearbeitet von K. u. M. Schumm. W. Kohlhammer Verlag, Stuttgart 1985

Unser täglich Brot. Tips zum Brotbacken aus Heiligkreuztal. Karl-Heinz Häussler GmbH, Heiligkreuztal 2011

Bildquellen

Africa Studio/Shutterstock.com: Seite 77

AnjelikaG/Shutterstock.com: Seite 2/3

Bauer, Roland: Seite 15, 16, 18, 20, 22, 23, 26, 29, 47, 55, 69, 76, 81, 87, 94 (2), 95 (2), 101, 103 (2), 113, 115, 117, 120, 122, 123

Besserer, Günther: Seite 7, 11

francesco de marco/Shutterstock.com: Seite 4/5

Frank, Pfr. i. R. Jakob: Seite 34, 35 (2), 36 (2), 38, 104 (2)

Fritz, Erna: Seite 41

Häussler GmbH, Karl-Heinz: Seite 48, 50, 51, 65, 74 (2), 75 (2)

MaraZe/Shutterstock.com: Seite 84/85

Merzenich, Margret: Seite 8, 12, 33, 78, 93

Thier, Georg: Seite 32, 53

Timmary/Shutterstock.com: Seite 63

Tomo Jesenicnik/Shutterstock.com: Titelfoto

5 second Studio/Shutterstock.com: Seite 80

Die Zeichnungen auf den Seiten 10 (2), 13 (2), 14, 15, 17, 19, 20, 21, 39 (2), 42, 43 (2), 44, 52 (3), 55, 57 (4), 58 (2), 59 (3), 66 fertigte Helmuth Flubacher nach Vorlage von Joannis Selveris.

Stichwortverzeichnis

Die in diesem Buch enthaltenen Empfehlungen und Angaben sind von den Autoren mit größter Sorgfalt zusammengestellt und geprüft worden. Eine Garantie für die Richtigkeit der Angaben kann aber nicht gegeben werden. Autoren und Verlag übernehmen keine Haftung für Schäden und Unfälle. Bitte setzen Sie bei der Anwendung der in diesem Buch enthaltenen Empfehlungen Ihr persönliches Urteilsvermögen ein. Der Verlag Eugen Ulmer ist nicht verantwortlich für die Inhalte der im Buch genannten Websites.

Bibliografische Information der Deutschen Nationalbibliothek
Die Deutsche Nationalbibliothek verzeichnet diese Publikation in der Deutschen Nationalbibliografie; detaillierte bibliografische Daten sind im Internet über http://dnb.d-nb.de abrufbar.

Wollgrasweg 41, 70599 Stuttgart (Hohenheim)
E-Mail: info@ulmer.de
Internet: www.ulmer.de
Umschlagentwurf: red.sign, Anette Vogt, Stuttgart
Lektorat: Ingeborg Ulmer, Christine Schneider
Herstellung: Silke Reuter
Satz: pagina GmbH, Tübingen
Reproduktion: timeRay Visualisierungen, Jettingen
Druck und Bindung: aprinta Druck, Firmengruppe APPL, Wemding
Printed in Germany

ISBN 978-3-8186-0101-0